KB108263

잘나가는 신입사원의 비밀

잘나가는 신입사원의 비밀

초판 1쇄 발행 2017년 6월 22일
지은이 | 김인식
펴낸이 | 이의성
펴낸곳 | 지혜의나무
등록번호 | 제1-2492호
주소 | 서울시 종로구 관훈동 198-16 남도빌딩 3층
전화 | (02)730-2211 팩스 | (02)730-2210
ⓒ김인식
ISBN 979-11-85062-19-8 03320

입사 직후부터 5년차까지 알아야 할 직장 생활 사용설명서

잘나가는
신입사원의
비밀

김인식 지음

지혜의나무

회사에서 주목하고 키워 주는
사원의 비밀은 무엇일까?

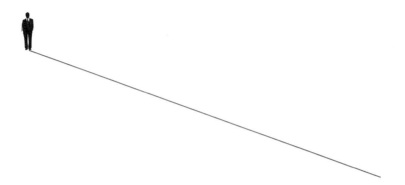

　이 책은 내가 신입사원 때 미리 알았더라면 좋았을 것에 대한 아쉬움을 30년 내공으로 집필하였다. 신입 시절부터 겪은 현장 경험, 엔지니어, 관리자, 컨설팅까지 살아 있는 업무 경험을 멘토의 관점에서 적었다. 오랜 기간 축적된 나만의 업무 스킬과 자기계발, 감정 조절, 동호회 활동의 필요성, 마인드 컨트롤, 자신의 비전을 세우고 추진해 갈 수 있도록 지혜와 지식을 담았다. 단순히 직장에 충성하라는 메시지가 아니다. 마음먹기에 따라서 회사가 키워 주는 인재로 성장할 수 있다. 이 책을 통해 당신의 직장 생활에 여유와 웃음이 찾아들기를 바라는 마음이다.

　직장은 선·후배까지도 서로가 경쟁이라는 생각에 제대로 된 멘토를 찾기란 하늘의 별따기다. 특히 경험을 통한 노하우를 공개하는 멘토는 찾아보기 힘들다. 직장이란 원하는 목표를 향해서 함께 가야 성공한다는 진리를 잘못 이해하고 있기 때문이다. 제대로 된 선배 멘토가 없다는 것은 회사로선 엄청난 경영 손실을 부른다. 이 책은 저자의 직장 생활 경험과 지혜가 오롯이 담겨 있어서 당신에게 꼭 필요한 멘토가 되어줄 것이다.

　직장에서의 경쟁이란 선의의 경쟁을 뜻한다. 선의의 경쟁이란 자신과의 경쟁을 말한다. 자신의 장점은 늘리고 단점은 줄이는 노력을 통해 성장하라는 의미다. 노하우는 나만 알고 있어야 한다는 생각은 거꾸로 가는 인생을 사는 것이다. 동계 스포츠 가운데 짜릿한 스피드의 묘미를 안겨주는 쇼트트랙 스케이팅 시합이 있다. 나는 결승에 대거 출전한 우리나라 선수들끼리 선두권에서 다투다가 넘어질까 가슴을 졸이며 본 적이 있다. 그러나 그런 일은 거의 일어나지 않는다. 결승선이 다가오기 전까지 다른 나라 선수들이 앞쪽으로 나서지 못하도록 우리 선수들끼리 협업하여 봉쇄한다. 그러나 결승선에 다가서면 동료선수와도 경쟁을 벌인다. 골인 지점에 다다르면 한 발을 먼저 뻗어서 스케이트를 결승선에 통과시키고자 끝까지 최선을 다한다. 메달 권에 진입하지 못하면 아쉬움의 눈물을 흘리기도 한다. 결과에 승복하며 서로를 격려하는 모습을 보인다. 이런 승부가 진정한 선의의 경쟁이다.

주변을 둘러보면 먼저 입사한 선배들의 표정은 하나같이 무뚝뚝함의 경지에 이르렀다. 그들도 신입 시절에는 열정이 넘치는 에너지로 가득했다. 그러나 다람쥐 쳇바퀴 같은 직장 생활에 순응해 가면서 웃음을 잃었을 뿐이다. 상사나 선배가 시키는 일만 억지로 해서는 당신도 머지않아 웃음을 잃을 것이다. 확고한 꿈과 목표가 있어야 직장 생활에 깨알 같은 즐거움이 생긴다. 소소한 일이라도 정성을 다하는 습관을 가지면 막중한 업무가 주어져도 잘 해낼 수 있다. 또한 스스로 일을 찾아서 하는 주인의식을 가져야 한다. 한번 길들여진 습관은 바꾸기 어렵다. 첫 단추를 잘 채워야 한다.

직장 생활에서 스트레스를 전부 피해갈 수 있는 슈퍼맨은 없다. '스트레스는 독이다. 스트레스는 약이다.' 마음먹기에 따라서 독이 되거나 약이 될 수 있다. 오히려 스트레스나 고민이 없으면 지루한 일상의 반복에 의해 허탈감에 빠져서 무기력해진다. 적당한 스트레스를 이겨낼 때 자가 면역력이 생겨서 더 강해진다. 바둑이나 장기를 둘 때 계속 이기면 흥미를 잃게 되어 차나 포를 떼 주면서 시합하며 고민하는 이치와 같다. 차에 기름을 가득 채우면 에너지가 가득 차서 기분이 좋아지듯이 고민을 해결하면서 큰 즐거움을 만나게 된다. 츄파춥스와 같은 달달한 미래는 그냥 얻어지는 것이 아니다. 쓴맛, 신맛, 매운맛을 제대로 겪어야 감칠맛 나는 기쁨을 얻는다.

나는 학창 시절에 쉬지 않고 아르바이트를 하지 않으면 끼니조차 어려웠던 집안의 가장 역할을 했다. 일찍 돌아가신 어머니의 역할을 해야 했고 아프신 아버지를 대신하여 동생들을 보살펴야 했다. 대학보다 직장을 선택하여 고등학교 졸업장이 전부였다. 그러나 명문대를 졸업하는 등 좋은 스펙을 가진 동료에게 부끄럽거나 주눅 들지 않았다. 직장에서의 출발점은 같다. 스펙이란 영향으로 조금은 뒤에서 출발하는 듯 보이긴 하지만 격차는 크지 않다고 본다. 게임에서 별 볼일 없는 패를 들었을 때 승률이 더 올라가듯이 스펙에서 밀렸다고 걱정할 필요는 없다.

　손에서 책을 놓지 않는다는 뜻으로 수불석권이라는 말이 있다. 책을 가까이하면 당신의 미래는 몇 백 배 더 흥미진진해진다. 직장에 입사할 때의 스펙과는 비교가 되지 않는다. 자기계발서 한 권에는 작가의 고품질 인생이 녹아 있다. 돈 주고도 쉽게 살 수 없지만 책을 통하면 가능하다. 자신만의 꿈과 목표가 입체적으로 그려진다. 구체적인 방향이 설정된다. 보이지 않는 당신만의 내비게이션이 작동을 시작한다. 진짜 실력이란 위기에서 진가를 발휘한다. 신입사원 때부터 차근차근 미래를 준비해 나가면 즐거운 직장 생활이 가능해진다.

　이 책을 통해 당신도 인재로 거듭날 수 있다. 세상 모든 것은 마음먹기에 달렸다. 겨울이 지나면 봄이 오듯이 인생도 다르지 않다. 누구든지 뜨겁고 화려하게 성장해 갈 수 있다. 인생에 나침반과 지도는 없지만 가야 할 길이 명확하면 조금 돌아가더라도 목적지에 도착한다. 원하는 것에, 바라는 것에, 잘하는 것에, 하고 싶은 것에,

되고 싶은 것에 도전하기 바란다. '아브라카다브라' 말하는 대로 이루어지리라.

끝으로 이 책의 출판에 힘써 주신 〈지혜의나무〉 이의성 대표님과 책을 쓸 수 있도록 많은 도움을 주신 〈한책협〉 김태광 대표님과 임원화 코치님에게 깊은 감사를 드린다. 그리고 거친 사회생활을 잘 헤쳐 나가는 동생들과 대학생활에 잘 적응한 아이들에게도 고마움을 전한다. 또한 책을 집필하는 동안 주말 나들이 한번 제대로 못하고 곁에서 응원해 준 아내에게 깊은 감사와 사랑을 보낸다.

4인 식탁에서 김인식

contents

1장 오늘도 출근하는 후배들에게

2장 함께 입사했다고 다 같은 길을 가는 것은 아니다

3장 회사가 키워 주는 신입사원의 8계명

4장 회사가 아닌 나 자신을 위한 자기계발을 하라

5장 첫 직장에서 만들어진 습관은 평생을 좌우한다

1장

오늘도 출근하는
후배들에게

01
취업 성공을 축하한다
하지만 이제부터 시작이다

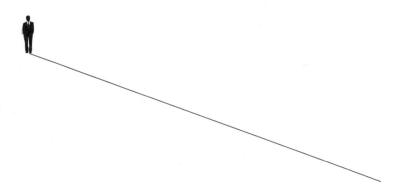

"안녕하십니까? 신입사원 OOO입니다."

"입문 연수를 마치고 오늘부터 제조기술 근무를 명 받고 왔습니다."

"선배님, 잘 부탁드립니다."

네댓 명의 목소리가 사무실이 떠나갈 듯 우렁차게 울려 퍼졌다.
컴퓨터 작업에 몰입 중이던 직원들이 그 소리에 깜짝 놀라 고개를
들고는 소리의 근원지를 찾는다. 잠시 긴장이 흐르는가 싶더니 이내
축하의 박수로 바뀌고 곳곳에서 웃음꽃이 만발해진다.

"잘 왔어요. 축하합니다."

부서 선배와 그룹 장에게 자기소개를 마치고 나서 자리 배치를 받
는다. 나도 신입 후배들과 인사를 나누었다. 아득한 기억 저편으로

긴장과 떨림으로 첫 인사를 했던 신입 시절이 떠올랐다. 마음속으로 취업 전쟁에서 어렵게 승리하여 입사한 그들에게 진심으로 박수를 보냈다.

그러나 이제부터 시작이다. 요즘은 취업이 정년을 보장해 주지 않는다. 평생직장이라는 말은 IMF 이후로 신화나 전설로만 전해지고 있기 때문이다. 회사가 어려워지거나 경제가 하락하면 직장인 누구라도 구조조정 살생부에 오를 수 있다. 살아남기 위해서는 빠른 적응력을 요구한다. 회사가 바라는 이상형이자 사회에서 요구하는 기본 인품을 빠르게 갖추지 않으면 도태된다. 요즘 신입사원은 고학력과 취업을 위한 많은 대비를 해왔기 때문에 다양한 지식을 겸비하고 있다. 하지만 실전은 다르다. 학생 때 배운 지식과 회사에서 필요로 하는 전문적인 업무는 차이가 있다.

입사 초기에는 회사에서 소통되는 언어가 달라서 커뮤니케이션 방식에 어려움을 겪게 될 것이다. 회사의 언어를 익혀야 동료나 상사와 커뮤니케이션이 원활해진다. 적극적인 의지만 있으면 빠르게 적응할 수 있으니 크게 염려할 부분은 아니다. 중요한 것은 선배나 상사와 코드를 맞추어야 한다. 선배나 상사가 원하는 것은 같은 곳을 바라보고 함께하는 업무를 추진하는 것이다.

상사를 돕는 것은 부하직원의 기본 업무이므로 소홀히 해서는 안 된다. 때로는 상사가 급하게 시키는 업무가 생기기도 하는데 재

빨리 진행하여 보고해야 한다. 늦어질 것으로 예상되면 중간보고를 한 후에 추가 마무리를 하면 된다. 업무 외적으로 상사와 취미를 맞추어 함께하는 것도 좋은 방법이다. 영화나 스포츠 같은 공통의 취미로 화제를 만들면 공감대를 형성하기 쉽다. 가끔은 상사로부터 하기 싫은 업무를 지시 받기도 하는데 대충 처리하면 낭패를 보게 된다. 회사는 혼자 일하는 곳이 아니다. 팀 단위의 조직으로 일한다. '내가 하지 않아도 누군가 하겠지!'라는 생각보다 '책임지고 내가 마무리 하자!'는 주인의식을 필요로 한다. 내가 하기 싫은 일은 다른 사람도 싫어한다.

당신은 모두가 함께 일하고 싶은 신뢰가 바탕인 사람으로 성장해야 한다. 신뢰 형성은 동료를 대할 때 마음에서 우러나오는 예의와 진심이 있어야 된다. 공동의 이익을 위해 노력하는 사람일수록 인기 있는 동료가 된다. 반대로 자신에게 이익이 되는 상황만 바라는 인품이 부족한 사람은 기피 대상이다. 명석하고 뛰어난 인재라도 주변 동료의 신뢰가 없으면 크게 성공하지 못한다. 신뢰가 없어도 잘나가는 사례가 간혹 있지만 오래가지 못한다. 멀리 가기 위해서는 동료와 함께 가야 한다. 예를 들어 팀 프로젝트 업무는 모두가 분담하여 추진되는 것이다. 자신에게 주어진 업무만 잘 해냈다고 끝난 것이 아니다. 팀원과의 상호 커뮤니케이션을 통해 프로젝트 전반적으로 지연이 없도록 협업하는 것이 필수 요소다. 이런 노력이 합쳐지면 매년 회사에서 운영되는 개인 평가에서도 좋은 성적을 받을 것이다. 개인 평가에는 주변 동료의 평판도 함께 반영된다. 성과와 함께 좋은 인품을 갖추어야 성공하는 것이 직장인의 필수 요건이다. 어떤 사람은 업무 성과로 인한 승진이 이루어지면 어깨를 으스대며 과시하는 유형이 있다. 말과 행동도 거칠어진다.

"이봐 당신은 잘 모르면 가만히 있어.
하라면 할 것이지 뭐가 그렇게 말이 많아.
쓸데없는 토 달지 말고 내가 말한 대로 해."

똑똑하다고 생각하는 사람일수록 동료를 무시하는 증세가 강하다. 동료가 하는 일은 허점투성이라 생각하며 무시하거나 비꼬는 말로 상처를 남긴다. 그러나 능력이 뛰어나다고 해도 인품이 없으면 신뢰에 금이 가는 것이 인지상정이다. 동료에게 신뢰가 무너진 사람은 하루아침에 몰락할 수 있는 곳이 직장이다. 꽃은 사람의 마음을 사로잡는 자신만의 향기와 아름다움을 통해 평온함과 즐거움을 안겨 준다. 사람도 이처럼 인품이라는 향기를 지녀야 진정한 동료로 대우 받는다. 직장에서 인정받는 신입사원의 조건 6가지는 다음과 같다.

첫째, 겸손한 자세와 인사성이 밝아서 모두가 가까이하고 싶어 하는 사람이다. 예의 없고 무뚝뚝한 사람에게 다가가고 싶은 사람은 없다.

둘째, 일찍 출근하는 습관을 갖는다. 지각 한 번에 10년 공사 무너진다. 직장인들의 지각 사유는 전날의 과음이 주원인이다. 사람마다 주량의 차이는 크게 다르다. 자신의 주량을 넘기면 내일이 괴롭고 건강을 해치게 된다.

셋째, 말보다 행동을 우선한다. 말만 거창하고 실천이 없으면 시간이 지날수록 아무도 상대해 주지 않는다. 궂은일도 앞장서서 해 나가는 자세를 가져야 한다.

넷째, 누가 보지 않아도 회사의 규정을 준수하려고 애쓴다. 퇴근 후에도 회사의 명예를 실추시키지 않고자 주의한다.

다섯째, 작은 일이라도 조직에 기여할 일을 찾아서 한다. 시키는 일만 하면 만년 신입사원에 머문다.

여섯째, 자기계발에 정성을 다한다. 일을 잘하기 위한 문제해결 능력을 갖추고자 한다. 문제해결과 관련된 전문서적을 탐독하고, 뛰어난 선배를 벤치마킹하여 장점을 찾아 흡수하려는 노력을 한다.

직장에선 스스로의 감정을 조절하는 노력도 필요하다. 감정이 지나치면 이성적인 판단이 마비된다. 언성을 높이고 감정을 폭발시켜 스스로 지는 싸움을 한다. 이런 유형은 인간관계를 어렵게 만든다. 나는 업무 토론 중에 감정 조절을 하지 못하여 큰 실수를 했던 경험이 있다. 내 의견이 옳다는 생각을 관철시키고자 목소리를 높여 가며 동료들의 의견을 비판했던 것이다. 내 말이 옳았다고 해도 이러한 태도는 동료들을 무시하는 행동으로 남는다.

자신의 생각이 맞는 경우라고 해도 논의를 통해 상호 협의와 최종 결정을 이끌어 내야 한다. 나만 잘났다고 우기면 빠른 시기에 직장 생활의 종국을 맛보게 된다. 그 일로 나는 한동안 동료들에게 외면을 당하는 어려움을 겪었다. 단 한 번의 이성적이지 못한 실수로 동료들에게 왕따를 당했다. 심하면 영원히 되돌리지 못할 인간관계가 되기도 한다. 직장업무는 동료 또는 타부서 사람들과 협업을 통해 풀어 가야 하는 것이 정석이다. 상대방의 이야기에 적극적으로 경청하는 자세를 보여야 상대도 내 말에 귀를 기울인다. 인간관계에 문제가 발생하면 업무 협업은 꿈에서나 가능하다. 아직은 직장 생활의 모든 것이 낯설고 서툴다. 첫술에 배 부르려고 하면 체한다. 걸음마를 배우듯 꾸준함의 무기를 내세워 배워 가는 시기다. 판단하기 어려운 부분은 혼자 고민하지 않는다. 선배와 상사에게 적극적으로 자문을 구한다. 작은 일 하나라도 직접 챙기고 나서는 행동력이 있으면 절반의 적응력은 갖추었다. 2보 전진하기 위해 1보 후퇴할 필요는 없다.

02
조직 속에서
살아남는 법은 따로 있다

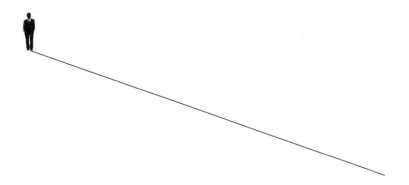

삼성그룹 공채에 합격했다는 소식이 날아왔다. 강원도 두메산골 태백 탄광촌에서 용이 났다며 가족과 친지들의 축하 전화가 쇄도했다. "학비가 없어서 아르바이트 하느라 공부할 시간이 없다더니 용케 잘 해냈구나. 고생했다. 축하한다." 사실 대학을 포기하고 돈을 벌기 위해 일찌감치 지원했던 회사였기에 씁쓸함과 기쁨이 교차했었다. 길가에 핀 작고 하얀 들국화가 나를 향해 웃어주고 있었다. 그해 가을 하늘은 유난히 푸르렀다. 나의 직장 생활은 그렇게 시작되었다.

직장인은 보통 아침 8시부터 오후 5시간까지 근무한다. 하루 8시간 근무이지만 점심 1시간을 포함하면 총 9시간이 된다. 아침 출근은 30분 전에 사무실에 도착하여 업무 준비를 하는 것이 이상적이다. 조금 늦더라도 10분 전에는 도착해야 한다. 퇴근은 선배들에 비해 잠시 늦추도록 한다. 먼저 일어서면 눈총을 받는다. 그리고 업무에 전념을 다했는데도 당일의 잔무가 남았다면 잔업을 통해 마무리 후 퇴근하는 것을 기본으로 삼아야 한다. 그러나 전날 잔업을 했다고 해서 다음 날 '조금 늦게 출근해도 문제없겠지!'라는 생각을 가진다면 직장 생활을 포기하겠다는 것과 같다. 지각은 성실이라는 단어와 직결된다. 한 해에 지각 두 번이면 상사에게 찍혀서 험난한 직장 생활의 길로 접어든다.

집과 회사와의 거리가 멀면 여유시간을 갖고 집을 나서는 습관을 갖도록 한다. 30분 일찍 움직이면 전철이나 버스를 편하게 이용할 수 있다. 아침의 상쾌함과 여유로움으로 만사형통 Day가 될 것이다. 물론 아침잠을 줄이는 게 쉽지는 않다. 그러나 '10분만 더'에 매달리면 지각은 불 보듯 뻔하다. 아침잠이 많다면 잠자리에 드는 시간을 당기도록 한다. 조직에서 살아남으려면 회사의 규정 준수와 기본 예절을 잘 지키는 것이다. 기본 준수 6가지 예절은 다음과 같다.

첫째, 옷차림이 단정해야 한다. 옷차림은 단순한 멋을 내기 위한 것이 아니다. 자신을 표현하는 방법이다. 단정한 외모와 깔끔한 옷차림은 호감도가 급상승한다. 상의는 원색 계열을 피하는 것이 좋다. 하의는 구두를 살짝 덮으면 최상이다. 셔츠는 흰색이나 하늘색, 파란색이 무난하다. 파란색은 남자와 여자 44% 이상이 좋아하며 신뢰와

호감을 주는 색이다.

둘째, 인사를 잘해야 한다. 예의가 없으면 일을 잘해도 선배와 상사의 눈 밖에 나게 된다. 인사를 할 때 주머니에 양손을 찔러 넣고 고개만 까딱 하는 사람이 있는데 이는 상대를 무시하는 처사다. 인사를 받는 입장에서는 쳐다보기도 싫다. 인사는 바지 재봉선에 양손을 붙이고 정중히 예의를 갖추어야 한다. 허리는 45도 정도 숙인다. 인사만 잘해도 일 잘하는 성실한 사원으로 보이는 곳이 직장이다.

셋째, 대화의 기본은 긍정적 사고와 매너에 있다. 대화 중 스마트폰을 보는 등의 다른 행동은 금물이다. 무심코 책상이나 벽에 기대는 습관도 주의해야 한다. 어떤 사람은 대화 중에 책상에 걸터앉기도 하는데 아주 무례한 행동이다. 두 번 다시 상대하고 싶지 않게 만드는 악습이다.

넷째, 약속을 철저히 지킨다. 일을 못하는 사람일수록 말이 많다. 상사와의 납기를 지키지 못하고 핑계 찾기에 급급하다. 업무 중 실수나 문제가 생기면 상사에게 미리 보고하여 해결책을 찾도록 해야 한다.

다섯째, 업무 진행 중이라도 핵심을 요약하여 구두나 문서로 보고한다. 보고서는 결론부터 전하는 두괄식 보고 형태를 선호한다. 상사는 다수의 보고서를 확인해야 하므로 전체를 읽을 여력이 없기 때문이다. 대부분의 상사는 결론부터 듣거나 보기를 원한다. 추가로 이해를 돕는 내용이 필요하면 요약한 내용으로 전달하면 된다.

여섯째, 직장은 나이보다 직급과 직위가 우선이다. 나이 어린 선배나 상사라도 직장에서는 깍듯하게 예의를 갖춰야 한다. 개인적으로 친하다고 형, 누나, 오빠라는 호칭을 사용해선 안 된다. 요즘은 대기업에서 수평적 체계로 호칭을 바꾸어 상하 격의 없이 업무 추진이 될 수 있도록 소통 방식을 바꾸고 있다. 일반적으로 직급과 직위와는 상관없이 직책이 없으면 이름 뒤에 '님 또는 프로'를 붙인다. 그러나 상하 격의가 없어졌다고 윗분들에게 예의 없이 행동하면 버릇없는 사원으로 찍힐 수 있다.

일에 묻혀 지내다 보면 쉬는 날 없이 일에만 매달리는 경우가 있다. 한마디로 일중독 증세에 빠진다. 그러나 쉬지 않고 일하면 반대로 업무 효율성은 떨어진다. 자신의 건강까지 해치는 근원이다. 회사와 본인을 위해서 연차 휴가를 사용하여 휴식을 갖는다. 휴식을 통해 더 나은 내일을 준비하는 것이 조직에서 살아남는 방법이다. 직장의 연월차 휴가일수는 연간 15~25일이다. 근속기간 1년 미만자의 휴가일수는 1개월에 하나씩 생긴다. 월차 유급휴가 폐지로 근속기간의 80% 이상 출근하면 15일의 연차 유급휴가가 부여된다. 그리고 2년마다 하루씩 가산하며 최대 휴가일수 한도는 25일이다. 회사마다의 자세한 규정은 선배나 인사팀에 자문을 해서 확인해 두는 것이 좋다.

나는 20대 후반에 6개월 프로젝트 업무에 참여했었다. 혈기왕성한 시기라 아침 8시부터 다음 날 새벽까지 일에 매달렸다. 그 결과 프로젝트는 조기에 완성되었지만 나는 긴장이 풀리면서 심한 복통이 찾아왔다. 간헐적으로 찾아오는 복통에 숨쉬기조차 힘들었다. 며칠 동안 병원을 오가며 치료를 받아도 호전되지 않았다. 설상가상으로 우측 안면마비까지 왔다. 진단 결과는 과로였다. 프로젝트 기간 중에 잠을 줄이고 식사를 거르는 등 건강을 자신했던 나의 불찰이었다.

한 달간 병가를 내고 한방 침과 대학병원에서 전기치료를 병행했다. 병가를 내며 업무평가는 바닥으로 나동그라졌다. 열정을 불태웠던 프로젝트 성과는 그렇게 땅속나라로 내던져졌다. 그 후에도 일 년이란 뼈아픈 시간과 거금을 통원치료로 허비해야 했다. 회사는 병가를 내면 자기관리 능력이 부족한 것으로 본다. 아프지 않은 것도 엄청난 능력으로 인정되는 것이 회사다. 일중독으로 자신을 돌보지 않으면 직장수명을 단축하는 지름길이 된다. 지나침은 모자람만 못하다는 말이 내 가슴에 비수처럼 꽂혔다.

직장 생활의 성공은 철저한 자기관리와 긍정적인 사고에서 시작된다. 부정적인 생각이나 말들은 직장 생활의 명을 줄인다. 금 수저로 태어나지 못했다고 환경을 탓할 필요 없다. 흙 수저로 태어났기 때문에 성공할 요인이 더 많다. 나는 사회에 진출하기 전까지 아버지와 동생들의 매 끼니를 걱정하며 살아야 했다. 아르바이트로 돈을 번다는 것이 얼마나 어려운 일인지 겪었다. 그런 경험이 직장에서 성실하게 일할 수 있는 원동력이 되었다. 대졸자로 가득한 일류기업에 고졸로 입사했기에 배우려는 노력을 게을리할 수 없었다. 삶이 고달프게 느껴지는 날이면 내 주변을 둘러보았다. 내가 사는 곳에는 새벽 4시만 되면 신문과 우유 그리고 각종 식품류를 배달하는 사람들이 있다. 성실함과 삶의 희망이라는 선물을 덤으로 배달하는 새벽을 여는 사람들에게서 나는 힘을 얻곤 했다.

자기계발을 통해 환경적인 단점을 장점으로 승화시키려는 노력만 있으면 성공적인 인생을 경영할 수 있다. 최악의 인생을 산다는 것은 꿈과 희망을 잃어 버렸을 때다. 자신의 능력을 폄하하고 무능하다고 생각하면 그렇게 살게 된다. 내면의 나에게 부정적인 생각을 심었기 때문이다. 성장을 가로막는 가장 큰 장애물은 부정적인 생각이다. 자신이 원하는 대로 육체와 정신은 따라간다. 직장에서 매운맛, 쓴맛, 신맛, 짠맛까지 제대로 맛보아야 성공 환경 요인에 근접해 갈 수 있다. 긍정의 자세는 마음근육에 자신감이라는 예방주사를 맞는 것과 같다. 지금부터는 단점을 단맛으로 바꾸기 위한 계획을 세우고 배움으로 채워 나가면 된다. 조직에서 살아남기 위한 최고의 무기는 긍정의 마음가짐과 성실함이다.

03
당신은 더 이상
학생이 아니다

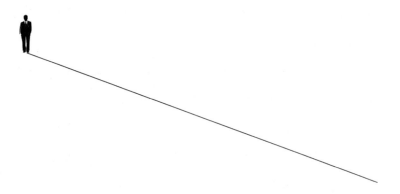

"우하하하! 드디어 탈출이다.

지겨웠던 공부야, 안녕이다.

드디어 해방이다. 나는 자유인이다."

말로는 표현 못할 해방감을 부르짖었다. 지나던 행인들이 '미친 거 아니야?'라는 눈초리를 보냈다. 직장에도 이미 합격했으니 행복의 날개를 가진 수호천사가 나를 돌보고 있는 게 분명했다. 그렇게 꿈과 희망을 품고 입사했지만 잘나가던 학교 때와 달리 무언가 잘 풀리지 않았다. 오랫동안 익숙해져 있던 학생의 테두리를 뚫고 나오지 못한 것이 원인이었다. 학교는 열심히 배워서 성적만 올리면 인정받는 곳이다. 그러나 회사는 성적순이 아니다. 잘나가던 학생이 회사에서 뒤처지는 반대의 상황이 심심찮게 연출된다. 회사는 또래들과 편하게 공부하던 학교와 완전히 다르다.

나는 신입사원 때 일만 열심히 하면 좋은 평가를 받고 인정받는 줄 알았다. 잔업까지 하며 실적에 열을 올렸으나 평가는 늘 기본급에서 머물렀다. 원인은 회사와 학교의 평가 방법이 다른 데에 있었다. 회사는 학교와 같은 절대평가 방법을 쓰지 않는다. 동일한 직급 간에 상대평가 방식으로 운영된다. 직급이 같으면 선배와도 경쟁 대상이다. 동료들 또한 좋은 평가를 받기 위해 노력한다. 상대평가에서 우위를 점하려면 피를 토하는 노력이 있어야 가능해 보였다.

회사는 동료보다 상대적으로 일을 잘해야 좋은 평가와 승진이 보장된다. 나이와 무관하게 직급으로 통하며 능력으로 인정받는다. 매년 평가된 업무실적은 3년에서 4년 정도 누적되어 승진으로 연결된다. 제때에 승진을 못하면 상하 관계가 뒤바뀌는 패잔병의 쓴맛을 보기도 한다. 근로계약에는 당신의 능력에 대한 노동가치가 반영되어 있다. 당장은 아니라도 가까운 미래에는 능력 발휘를 해야 한다. 회사는 냉정한 현실 세계다. 어깨에 빵빵하게 힘 들어가는 업무가 아니라고 기죽을 필요도 없다. 신입사원이 할 수 있는 일은 지극히 제한적이다. 대부분 잡무이지만 그 과정에서 경험이 축적된다. 선배와 같은 노련함도 만들어진다.

회사에서는 입사한 그날부터 조직의 룰을 준수하는 것이 원칙이다. 인정받는 직원은 누가 시키지 않아도 회사 규정을 지킨다. 근무 중에는 업무에 집중해야 상사의 눈 밖에 나지 않는다. 스마트폰이라는 블랙홀에서 허우적대는 사원은 위험한 곡예를 하는 것과 같다. 스마트폰 중독 증세로 상사에게 밉상으로 찍힌다. <u>근로계약은 회사와의 약속이다. 계약 불이행이 지속되면 퇴출명단에 자신의 이름이 등장할지 모른다.</u> 회사에서 챙겨주고 싶은 사원은 다음과 같다.

첫째, 외모가 당신의 첫인상을 좌우한다. 출근 옷차림은 차분하고 단정한 스타일로 맞추어야 한다. 나는 찢어진 청바지를 입고 출근했다가 선배에게 호된 꾸중을 들은 적이 있다.

둘째, 지각은 금물이다. 출근은 최소 30분 전에 하고 퇴근은 30분 늦게 한다. 일찍 출근해서 인사를 하고 사전에 오늘 할 일을 확인해 둔다.

셋째, 감사하는 마음을 잊지 않는다. 감사하는 마음은 타인보다 자신에게 더 많은 행복을 준다. 나는 지금도 업무 메일의 끝부분에 '감사합니다.'를 적어서 보낸다.

넷째, 사람을 가리지 않고 인사를 잘해야 평판이 좋아진다. 함께 일하는 건물의 모든 사람에게 예의를 갖춘다. 수위 아저씨나 청소 아주머니에게도 깍듯이 인사를 한다.

다섯째, 어떤 일이 주어져도 최선을 다한다. 불평불만은 당신의 몸과 마음까지 병들게 한다. 긍정적인 마인드와 최선을 다하는 자세가 선배들에게 괜찮은 후배로 기억된다.

그는 고등학교 졸업 후 대학에 선수로 가지 못했다. 또한 프로야구 어떤 팀에서도 거들떠보지 않았다. 그는 빙그레 이글스에 간곡하게 사정하여 계약금도 없는 신입으로 간신히 입단했다. 그러나 배팅볼 투수와 볼보이로 잡부 일을 하면서도 늘 최선을 다했다. 다른 선수들이 모두 잠든 새벽에 피눈물을 쏟을 정도로 개인훈련을 독하게 했다. 3년만 고생하자는 목표로 매일 3천 번의 연습 스윙을 했다. 그의 방에는 메모로 벽면이 가득 채워져 있었다. 매일 훈련에서 느낀 내용에 대해 보완할 부분과 개선할 내용을 적어서 붙인 것이었다. 눈만 뜨면 언제나 볼 수 있도록 해 두었다. 그렇게 철저히 준비하며 데뷔의 기회를 기다렸다.

1987년 드디어 그에게 한 번의 기회가 찾아왔다. 그리고 데뷔 첫 타석에서 2루타를 때렸다. 피나는 연습의 결과물이었다. 그는 한 번의 기회를 승승장구의 길로 바꾸었다. 1년 후에는 골든 글러브를 안았으며 다시 1년이 지나자 유격수 최초로 홈런왕을 차지했다. 그 후에도 3년 연속 홈런왕과 타점왕을 거머쥐었다. 타격의 신이라고도 불렸던 그는 한국 야구에 길이 빛나는 전설의 장종훈 선수였다.

그의 성공에는 매일 밤 피눈물을 쏟으며 실천한 3천 번의 스윙에 있었다. 야구 배트를 쥐고 매일 3천 번의 스윙을 하면 손에 물집이

잡히고 벗겨지게 된다. 고통을 이겨내지 않고는 절대로 할 수 없는 어려움을 이겨내야 하는 것이다. 직장인도 이와 다르지 않다. 프로가 되기 위한 노력이 요구되는 곳이다. 아마추어 같은 학생의 자세에서 벗어나 프로가 되기 위한 터널을 통과해야 한다. 연습생의 설움을 홈런왕으로 씻어낸 장종훈 선수처럼 얄팍한 기술이 아닌 끊임없는 노력이 우선이다.

나는 학생 때 영어를 등한시하여 설비 관련 영어 매뉴얼을 어렵게 읽어야만 했다. 하는 수 없이 영어 단어들을 하나씩 찾아가며 공부해야 했다. 그렇게 수개월이 지나서야 겨우 어설픈 번역본을 만들었다. 사실 설비구조와 동작에 대한 그림을 보고 추측 이해를 한 부분이 많았다. 이때부터 부족한 부분을 채우기 위해 자기계발을 하자는 결심을 했다.

일이란 어떤 의미일까? 힘든 노동일 수도 있고, 생계의 수단일 수도 있다. 일은 인류 역사와 함께 변해왔다. 중세 시대에는 일의 의미가 Arbeit(아르바이트)였다. 계급 체계가 분명했던 당시의 평민들에게 일이란 그저 괴로운 것이었다. 하지만 마틴루터 등의 종교 개혁가들에 의해 일의 개념이 바뀌었다. 일에 대한 새로운 개념은 괴로움을 소명으로 바꾸었다. 일을 천직으로 여기는 사람들 중에는 장인이 생겨나고 전문가가 생겼다. 일에 대한 가치를 제대로 알게 된 것이다.

<u>직장인은 하루의 대부분을 일터에서 보낸다. 마음먹기에 따라서</u>

<u>힘든 노동을 했을 수도 있고 보람찬 일을 했을 수도 있다.</u> 경영자가 당신에게 거는 기대는 생각보다 크다. 당신에게 지급되는 급여보다 열 배 이상의 가치를 창출해야 회사는 이윤이 남는다고 판단한다. 성공한 사람들이라고 해서 신입사원 시절부터 잘나가진 않았다. 그러나 자신의 업무에 피나는 노력을 쏟았다는 공통점이 있다. 취직과 함께 당신은 더 이상 학생이 아니다. 프로가 되어야 하는 경쟁에 뛰어들었다. 학생 신분의 아마추어적 관점인 철조망을 뛰어넘어야 한다.

04
머리가 아니라
발로 일하라

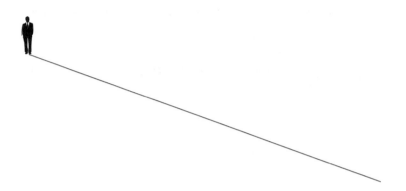

'삼팔선(38세 구조조정 대상), 사오정(45세 정년)의 고비는 당신도 넘어야 할 큰 산이다.'

요즘은 나이와 무관하게 수시로 구조조정의 찬바람이 불어오는 것이 회사다. 총성 없는 전쟁터라는 직장에서 존재감을 드러내지 못하면 나이 대를 불문하고 구조조정 대상에 오를 수 있다. 신입사원 연수를 마치고 부서 배치를 받으면 최소 3개월은 업무를 배울 시간이 주어진다. 그러나 일정기간이 지나도 성과가 나오지 않으면 그 직원을 다시 보게 된다. 학생 때는 과정을 중요시 했지만 회사는 성과라는 결과물을 점검한다. 결과가 좋으면 과정도 좋았을 것으로 가정하고 있다. 신입사원에게 처음부터 깊이 있는 업무는 주어지지 않는다. 당연히 능력 부족이 이유다. 그런데 어떻게 성과를 내라는 것일까? 성과는 돈을 벌어오라는 뜻이 아니다. 당신이 속한 부서의 업무 목표가 원활히 달성되도록 각자의 위치에서 최선을 다해 조직에 기여하는 정도를 말한다. 회사는 본인의 직무와 직급수준 이상으로 자신이 맡은 업무를 수행해 내기를 원한다.

식당에서 아르바이트를 하던 여대생이 있었다. 그녀는 접시 하나를 닦아도 물기 하나 없이 깔끔하게 닦았다. 그녀의 자세를 눈여겨보던 지배인은 입사 제안을 했고 그녀는 입사 5년 만에 본사 마케팅 이사가 되었다. 그 회사는 미국 외식업계 상위에 랭크되어 있는 아웃백 스테이크 하우스였다. 그녀의 이름은 스테이시 가델라이다. 그녀가 닦은 접시에 물기가 있느냐 없느냐의 차이가 아니다. 그 속에는 일에 대한 깊이와 진정성이 담겨 있다. 프로의 정신이 녹아 있다. 이처럼 맡은 일이 하찮게 보여도 소중한 가치를 부여하고 프로의 관점에서 실행하면 당신도 인정받을 수 있다.

신입사원은 발로 뛰면서 배우고 일해야 하는 때다. 이 시기에 업무와 연관된 사람들과 인맥이 형성되므로 중요한 시절이다. 매일 습득한 업무 내용을 잊지 않도록 핵심 노트를 만들어 정리해야 한다. 회사 생활이 매우 힘들고 낯설게 느껴져도 참고 이겨내야 하는 시기다. 때로는 상사의 꾸지람에 어렵게 들어간 직장을 포기하고 싶을 때가 있다. '내가 꾸지람이나 들으려고 이 회사에 들어온 것인가?'라는 자괴감에 사표를 던져 버리고 싶을 때도 생긴다. 그러나 노력하는 당신이라면 외면당하지 않을 것이다.

　직장 스트레스는 경중의 차이는 있으나 누구나 겪는 과정이다. 나는 업무 스트레스가 가중되면 잠시 사무실을 벗어나 복식호흡을 통해 마음을 다스린다. 복식호흡의 효과는 스트레스 해소와 혈액순환에 탁월하다. 복식호흡은 배를 이용하여 호흡하는 것이다. 숨을 천천히 배까지 길게 들이 마시면서 배가 부풀려지는 것을 느낀다. 그리고 3초 정도 멈추었다가 반대로 배를 넣으면서 천천히 숨을 내 뱉는 것이다. 하루 3회 3번만 반복하면 만병의 근원인 직장 스트레스를 완화하는데 도움이 된다.

　직장에서는 주요업무의 의사결정이나 효율적인 진행을 위해 크고 작은 회의가 자주 열린다. 이런 회의에 사람들은 5분 정도 늦는 것을 당연한 권리처럼 여긴다. 상대적으로 회의 간사는 10분 일찍 준비하고 기다리므로 15분의 격차가 생기게 된다. 단 몇 분이 모든 사람들에게 소중하지 않을지도 모른다. 그러나 누군가에게는 초를 다투는 긴급한 시간일 수도 있다. <u>약속은 신뢰의 기준이다. 신뢰를 잃으면 아무리 열심히 일해도 인정받지 못한다. 한 번의 실수가 불성실한 사람으로 오인받을 수 있다.</u> 회의시간 준수는 업무에서 가장 기본이다. 나는 지금도 최소 10분 전에 회의실에 도착하는 것을 원칙으로 삼는다. 회의 관련 정보를 받으면 회의 목적과 일자 및 시간 그리고 장소를 꼼꼼히 일정표에 기록해 둔다. 그럼에도 회의 당일에 갑작스런 긴급 업무가 발생하여 정시에 참석할 수 없을 때가 있었다. 이때는 회의 운영 간사에게 즉시 연락을 취하여 양해를 구했다.

무조건 일에만 파묻히다 보면 어느 순간 의욕상실에 갇힐 수도 있다. 직장에서의 시간과 개인적 시간을 적절하게 배분하여 운영하는 지혜가 필요하다. 직장 분위기에 휩쓸려 1년 365일을 일에만 몰두하는 사원은 스트레스로 언제 쓰러질지 모른다. 나도 한때는 퇴근하는 것조차 잊어버리고 일에만 매달린 적이 있었다.

"아저씨 언제 또 놀러와?
아저씨 지난번에 놀이공원 데려가 준다고 했잖아?
그만 자고 일어나요. 응?"

지난날 나의 현실이었다. 나는 매일 늦게까지 잔업을 했었다. 집에 들어가면 하숙생처럼 잠만 자고 나왔으며 맞벌이 주말부부처럼 어쩌다 하루만 집에 있었다. 그마저도 부족한 잠을 때우느라 울며 보채는 아이를 외면했으니 가족관계는 단절 그 자체였다. 휴일에 잠을 보충해 두지 않으면 시작되는 한 주가 괴로워진다. 휴일은 꼼짝 않고 쉬어야 한다는 생각이 지배적이었다. 그러다 보니 아이가 '아저씨'라고 부를 정도로 기억에서 멀어진 것이었다. 돌아보니 행복해지기 위한 조건은 일에만 몰두하거나 돈에만 매달리는 것이 전부가 아니었다. 직장은 가족과 함께 행복한 삶을 살아가기 위한 수단이다. 청춘을 전부 일에만 쏟는다면 훗날 인생을 잘 살았다고 말할 수 없다. 일과 휴식의 적절한 배분이 필요하다. 가족과의 대화를 위해 시간을 내고 여행이 필요하면 연차를 내서 떠나는 용기가 필요하다. 휴식은 풀리지 않던 업무 문제점들이 마법처럼 해결되는 도움을 주기도 한다.

호박벌은 길고 긴 여름날 1주일에 1,600km를 날아간다. 하루에 200km를 나는 것이다. 몸길이는 겨우 2.3cm 정도이며 지나치게 뚱뚱한 몸에 비해 날개는 너무나 작다. 그러나 날기 힘든 몸 구조에도 불구하고 꿀을 따는 목적을 달성하고자 하루 종일 날아다닌다. 호박벌은 날 수 없는 구조로 태어난 자신을 알지 못하기 때문에 날아오른다. 오로지 자신이 목표로 하는 꿀을 따기 위해 포기하지 않고 날고자 노력한다.

호박벌처럼 뚜렷한 목표를 설정하고 발로 뛰는 사람에게 불가능은 없을 것이다. 시간은 기다려주지 않는다. 잠시 머뭇거리면 목표는 시야에서 멀어진다. 내가 속한 분야에서 숙련가보다는 전문가로 성장하려는 계획을 수립하고 실행력에 최선을 다해야한다. 숙련가란 어떤 분야에서 단순하고 반복적인 일에 대해서만 잘하는 사람이다. 일의 질은 배제하고 양으로만 승부하려고 한다. '가만히 있으면 중간은 간다.'라는 생각에 어려운 과제에 대한 도전은 꿈도 꾸지 않는다. 지금도 괜찮다며 안일하게 생각하며 최선이라 치부한다. 반면에 전문가는 업무의 숙련도를 향상 시키면서 창의적인 아이디어를 찾아내고 실행력으로 승부를 건다.

직장에서의 반복되는 일상을 안일하게 보내다 보면 지루하다 못해 지겨워진다. 그로 인해 삶의 의미를 잃기도 한다. 물론 회사의 업무 일정이 빡빡하다 보면 머릿속이 복잡해진다. 잠을 통해 모든 것을 잊고자 휴일만 되면 버릇처럼 과다 수면을 청한다. 과다 수면의 문제점은 평일에는 잠이 부족하다고 느껴져서 주말이면 피로가 더 크게 몰려 오는 것이다. 현실을 부정할수록 과다 수면증이 발생하여 무기력해지므로 조심해야 한다.

신입사원은 업무를 배우면서 추진하게 되므로 근무시간이 길어질 수밖에 없다. 그럴수록 자신의 시간을 더욱 세밀하게 쪼개어 시간 관리에 집중해야 한다. 책상머리에 앉아서 누군가가 업무를 도와주기만 기다려선 아무것도 이루어지지 않는다. 스스로 뛰어야 한다. 가끔 어려운 과제가 주어지면 스트레스를 이유로 손사래를 치는 경우가 있는데 이 또한 주의해야 한다. 고민과 스트레스가 없는 인생은 지루함 그 자체다. 바둑이나 장기를 둘 때도 계속 이기면 재미가 없어서 차나 포를 떼주고 시합하는 것도 그런 이유다. 일 잘하는 사람은 업무의 스트레스를 즐긴다. 문제해결에 고민하면서 해법이 나오면 즉시 실행하는 행동력을 지녔다. 자신의 분야에서 최고를 지향하며 부가가치를 만들어 내기 위해 쉼 없이 노력한다. 더 나은 자신을 연마하여 고수로 가는 길을 지향한다.

05
피할 수 없으면
즐겨라

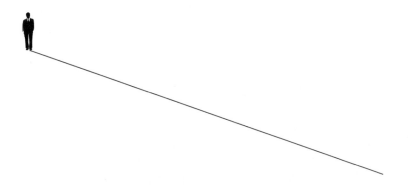

"전에 내가 실패한 프로젝트인데, 왜 자꾸 다시 해보라는 거야!

왜 나만 보면 못 잡아먹어서 안달이야?

회사 이익이 많이 났으면 보너스를 더 챙겨 주든가? 일만 잔뜩 시키고⋯."

언제나 굳은 표정의 얼굴과 짜증 섞인 말투로 부정적인 말만 쏟아내는 동료가 있다. 일처리도 대충하면서 회사에 대한 불만을 수시로 토해낸다. 그러다 보니 대부분의 사람들이 말을 건네기조차 불편하여 피하곤 했다. 그 동료는 상사에게 신임을 잃고 승진에서도 항상 뒷걸음질을 치고 있었다. 반면에 만날 때마다 만면에 웃음을 띠고 긍정적인 성격을 가진 사람이 있다. 일에 대해 토론하기를 즐기며 스스로 자원하여 시원하게 마무리한다. 이런 사람과 대화를 나누면 긍정 바이러스가 내 몸에 퍼져 오는 것을 느낀다. 이왕 해야 할 일이라면 즐겁게 하는 것이 정신 건강에 이롭다. 내가 할 수 있는 일이 있어서 너무나 감사할 따름이지 않은가?

직장인은 출퇴근 시간까지 합쳐서 최소 10시간을 일하는 데 투자한다. 잠자는 시간을 제외하면 좋든 싫든 우리는 하루의 절반 이상을 일을 하며 산다. <u>단순히 밥벌이를 위해 회사에 다닌다면 그야말로 인생의 절반은 영화 〈설국열차〉의 지옥 칸에 탑승하고 있는 것과 같다.</u> 물론 일하는 것을 좋아할 사람은 없다. 인간은 태어날 때부터 일하는 것을 싫어한다. 그러나 성공한 사람들의 대부분은 일을 기피하기 보다는 제2의 천성으로 만들었다. 일을 즐기며 소중한 가족과의 행복한 삶을 만들어 냈다. 직장인에게 꼭 필요한 습관이다.

나는 보고서를 한 번에 승인받아 본 기억이 없다. 초기 보고서는 당연히 퇴짜를 받는 것이라 여겨질 정도였다. 어떻게 하면 보고서 작성의 스킬을 올릴 수 있는지 고민이 깊었다. 선배의 우수한 보고서와 관련된 전문 서적을 구하여 읽었다. 여러 과정을 거치고서야 보고서의 퇴짜가 조금씩 줄어들었다. 내가 보고서의 퇴짜를 당연시 여기고 포기했더라면 어떻게 되었을까? 아마도 보고서에 이를 갈며 무능력자로 지내고 있을지 모른다. '내 능력으로는 더 이상 불가능해!'라는 자포자기와 보고서에 대한 트라우마(Trauma)로 드라마 〈도깨비〉의 주인공처럼 가슴 한곳에 날카로운 비수를 꽂은 채 고통 속에 살았을지도 모른다.

처음 일을 하다 보면 기계가 아닌 이상 실수는 필연으로 생긴다. 그리고 상사의 꾸지람도 보너스처럼 덩달아 이어진다. 그러나 이를 자책하면서 퇴근 후 술자리를 기웃거려서는 도움이 되지 않는다. 인생을 살다 보면 눈앞이 캄캄해질 때가 가끔 생긴다. 나도 그랬고 먼저 살아온 많은 선배들도 그랬다. 인생은 희노애락의 연속이다. 희노애락은 인간사의 기쁨과 노여움 그리고 슬픔과 즐거움을 이른다. 그러나 희노애락 글자를 조금만 더 깊이 들여다보면 기쁨과 즐거움이 노여움과 슬픔을 양끝에서 감싸며 달래고 있다. 노여움과 슬픔조차도 기쁨으로 승화시키고 포용하는 마음으로 인생을 기쁘게 살라는 의미가 아닐까?

아무리 어려운 역경도 마음먹기에 달려 있다. 그 시기를 지나면 추억으로 남는다. 지금 불행하다고 우울해 할 필요 없다. 고난과 역경은 개울에 듬성듬성 놓아둔 징검다리와 같다. 피할 수 없으면 즐겨야 한다. 나는 강원도 탄광촌 태백에서 월세를 전전하는 가정의 장남으로 태어났다. 어머니는 중학교 2학년 때 병원 한 번 가보지 못하시고 돌아가셨다. 아버지는 지속되는 두통으로 제대로 된 일은 엄두를 내지 못했다. 나는 서울로 가야 성공한다는 믿음만으로 아버지와 함께 서울의 달동네로 이사를 했다. 달동네는 경사가 심해 오르내리는 것조차도 힘들었다. 그러나 연탄 배달, 무전기 제작, 자동문 설치 등의 각종 아르바이트 자리가 많아서 행복했다. 수면 부족으로 일과는 힘들었지만 잘살아 보겠다는 꿈이 있었다. 장학금을 받아야 학교를 다닐 수 있었기에 매일 새벽 4시면 집을 나서서 학교로 향했다. 노력한 덕분이었는지 나는 고등학교 졸업 전 삼성전자에 취직할 수 있었다. 하루 12시간의 근무는 힘들었지만 집에 전화도 놓았고 동생은 원하던 태권도를 배웠다. 그렇게 모든 것이 순조로운 듯 했으나 아버지가 전신 말기 암 판정을 받았다. 청천벽력이었다. 그때부터 동생들을 챙기고 병간호를 하면서 회사 일을 병행해야 했다. 3교대 근무제인 회사의 배려로 업무시간을 야간근무로 바꾸었다. 그러나 1년여 치료에도 아버지는 돌아가셨다. 그 때는 마음이 아파서 죽을 것처럼 힘들었으나 동생들 앞에서 약해질 수도 없었다.

달동네 월세를 정리하고 회사 근처에 자그마한 방을 구해 동생들을 전학시켰다. 빚도 갚아 나가야 했고 동생들 뒷바라지도 하느라 생활고는 여전했다. 이때부터 나에게는 하나의 습관이 생겼다. 힘들다는 생각이 들면 무조건 소리 내어 웃었던 것이다. 웃는 방법은 간단했다. '하하하 하하하하'를 3회 반복한다. 국어책 읽듯이 억지로라도 웃었다. 웃고 나면 의기소침했던 마음에 자신감이 생기곤 했다. 억지로라도 웃다 보면 우리의 뇌는 진실로 기쁘다고 믿는다. 계속 웃으면 엔도르핀과 도파민이 분비되어 진짜 웃음이 된다.

지금 당신의 자리가 힘들면 웃어보길 바란다. 눈물 섞인 웃음이라도 좋다. 무조건 웃는다. 신기하게도 웃고 나면 의욕의 힘이 생긴다. 웃을 곳이 마땅하지 않으면 운전 중인 차를 갓길에 잠시 멈추고 웃는다. 세상은 나만 힘든 게 아니다. 누구나 크고 작은 애달픈 사연을 이겨내며 살아간다. 지혜롭게 자신만의 방법을 찾아서 적응하며 사는 것이 인생이다. 나는 지금도 웃음으로 시련을 이겨낸다.

북아메리카 서부에 위치한 해발 4,400m의 로키산맥에 가면 해발 3,000m 높이에 수목 한계선이 있다. 나무가 살 수 있느냐 없느냐의 한계선이다. 그곳에는 '무릎 꿇은 나무들'이 자란다. 그 나무들은 춥고 매서운 바람 때문에 똑바로 자라지 못하고 마치 사람이 무릎을 꿇은 것 같은 모습으로 살고 있다. 몸은 구부러지고 작아서 볼품없이 허름하다. 그러나 세계에서 가장 공명이 잘 되는 명품 바이올린의 재료로 사용된다. 오랜 시간 혹독한 추위와 강풍을 이겨내 세계에서 가장 깊고 고운 공명의 소리를 내기 때문이다.

직장에서의 성장에도 어려움이 동반된다. 어린 시절 성장통으로 무릎이 많이 아픈 기억이 있다. 그러나 잘 이겨내고 성장하지 않았던가? 몸을 튼튼하게 하려면 신체근육을 단련하듯 도전과 긍정의 마음 근육도 단련해야 한다. 지금의 현실이 힘들다고 시계추처럼 살지 말고 꿈과 목표를 만든다. 꿈이 정해졌으면 단계별 4등분으로 나눈 후 16개의 구체적인 실천항목을 만든다. 오늘보다 내일을 꿈꾸며 그 꿈이 실현된 미래를 상상한다. 그렇게 목표를 향해 달려가는 과정을 만들고 실행하면 직장 스트레스도 즐거움으로 바뀐다. 꿈을 하나씩 완성해 가는 일련의 과정을 즐기기만 하면 된다.

일을 하다 보면 실패라는 상처가 마음에 생채기를 낸다. 그때마다 당신은 백신주사를 맞은 것과 같다. 백신이 마음의 상처를 치유할 시간적 여유가 필요할 뿐이다. 그리고 동일한 실패를 반복하지 않기 위해 나보다 탁월한 동료를 찾아 그 사람의 장점을 파악하여 나의 장점으로 만드는 노력을 기울여 보자. 우리 삶의 하루하루는 보석보다 귀한 가치를 지녔다. 현대판 노예나 하인처럼 살기보다 자신의 주인으로 살려는 마음가짐이 필요하다. 모든 해답은 자신에게 있다. 어떤 과정이든 고통이 더할수록 열매는 더 달다. 그것이 인생의 진리다. 큰 파도가 몰아쳐 온다고 무작정 피하지 말고 즐길 방법을 찾아보면 어떨까? 쓰리고 아픈 것도 인생이다. 피할 수 없으면 즐기자.

06
신입사원 때
직장 생활의 성패가 결정된다

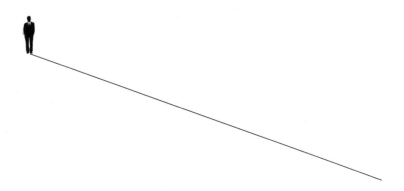

"형! 오늘이 무슨 날인지 알아?"

"당연하지. 오늘은 일찍 집에 올게. 동생 생일인데 형이 챙겨 줘야지."

"응! 역시 형밖에 없네. 고마워 형아."

"차 조심하고 학교 잘 다녀와."

"응~, 형아."

아버지가 돌아가시고 동생들과 살기 시작한 지 2년째였다. 열 살 터울의 어린 동생과 아침 인사를 간단히 나누고 기분 좋게 집을 나선다. 그러나 출근길부터 만원버스와 지하철에 시달리며 지친 몸을 이끌고 회사에 간다. 사무실에 도착하여 자리에 앉자마자 업무를 시작한다. 밀려온 업무들을 처리하다 보니 어느새 점심시간이다. 그리고 오후 회의시간에 정신없이 여기저기 끌려 다니다 보니 벌써 퇴근시간이다. 잔업을 통해 겨우 오늘 할 일을 마치고 집으로 향한다. 동생과의 약속은 이미 까마득하게 잊어버린 상태였다. 케이크를 사 가려던 아침 계획은 밤하늘의 먼지로 날아가 버렸다. 집에 도착하니 동생이 시무룩한 표정이다. 그때서야 아차 싶다. 용돈을 쥐어 주며 말도 안 되는 핑계를 대기 바쁘다. 다음 날이면 또다시 반복되는 직장 다람쥐의 사이클을 돈다.

입사할 때 꿈꾸던 생활과는 너무나 거리가 멀다. 선배가 되면 조금 나아질까 했는데 더 어려운 과제가 주어진다. 반복되는 일상이 지긋지긋하지만 체념하듯 받아들인다. 매일 아침이 괴롭고 주말을 보낸 월요일 아침은 밀린 업무에 머리가 아프다. 현실을 부정하면서도 다들 그렇게 산다는 생각에 애써 괜찮은 척 지낸다. 대부분 직장인의 일과가 그렇다. 만약 당신도 이렇게 적응해 간다면 직장 생활에서 패자의 길을 걷고 있는 것이다.

기존 선배들이 하던 방식만이 정답은 아니다. 그대로 답습하면 달라질 게 없다. 신입사원은 아직 고정관념에 빠져들지 않았다. 업무는 배우되 익숙함에 길들여진 선배의 생활과 사고방식은 그대로 답습하지 않아도 된다. 신입사원은 새로운 출발선에 서 있다. 신호만 울리면 고지를 향해 달려 나갈 의욕과 패기가 넘쳐나야 한다. 조직에 생기를 불어넣는 전도사의 역할을 맡아야 한다. 젊은 패기로 인해 실수를 할 수도 있다. 그러나 자주 실수하면 입지가 좁아질 수도 있다. 새로운 발상과 시도는 신입사원의 몫이다. 결정은 신중하게 추진은 과감해야 한다. 실패부터 걱정하면 아무것도 하지 못한다.

직장인은 돈을 벌어서 가족과 행복하게 지내려는 목적을 지니고 있다. 그러나 더 큰 목적은 따로 있어야 한다. 일을 통해 경험을 쌓아서 전문가로 성장하려는 목표다. 직장에서 성공자의 길을 걷는 방법은 전문가가 되려는 마인드가 시작점이다. 그렇지 않으면 반복되는 일상과 아침 출근길이 상쾌해질 수 없다. 전문가의 기본자세는 근무 시간에 자리를 비울 때 책상 위나 주변을 깔끔하게 정리한다. 기획서나 문서를 방치하여 보안의식에 문제가 있다는 지적을 받는 일이 없다. 입사교육 과정에 보안교육을 실행하고는 있으나 중요하게 생각하지 않고 있다가 징계라는 상황에 처하는 동료와는 다르다. 사무실 책상을 잠시라도 비울 때에는 서랍에 모든 문서를 넣은 후 잠근다. 불편하긴 하지만 회사 규정에 문제를 만들지 않기 위해 습관으로 정착시키고자 노력한다.

해보지 않으면 성공도 실패도 없다. 지금의 습관이 당신의 미래를 좌우한다. 일을 열심히만 한다고 되는 것이 아니다. 업무에 필요한 능력을 찾아 쌓아 가야 한다. 가르쳐 주는 선배가 없다고 한탄하지 말고 스스로 헤쳐 나가면 된다. 눈앞의 업무에만 연연해서 중요한 업무가 부여되었을 때 망쳐 버리는 일이 있어서는 인정받지 못한다.

내가 입사한 지 3년쯤 되었을 때였다. 선배로부터 설비에서 구현되지 않는 전자회로의 기능을 구현해 보라는 업무를 부여받았다. 신제품을 검사해야 하는데 현재의 설비 기능으로는 구현이 불가했던 것이다. 전공이 전자였지만 막상 회로를 구성하려니 어떻게 만들어야 할지 막막했다. 입사 이후 설비의 일상 유지보수 업무만 하다 보니 이러한 상황에 대처할 능력을 쌓아 두지 않은 것이다. 부랴부랴 관련 서적을 찾아 급하게 공부하며 많은 고심을 했다. 그러나 납기가 촉박해지자 결국 선배가 구현하기에 이르렀다. 나는 부끄러움에 얼굴을 들지 못했다. 한동안 자책감에 의기소침했었다.

이때부터 퇴근 후 시간을 헛되이 쓰지 않기로 다짐했다. 설비의 매뉴얼을 세심하게 습득하고 관련된 분야의 서적을 뒤졌다. 선배에게 자문을 구하고 업무 방법을 바꾸기 위해 노력했다. 설비의 문제점을 미리 찾아내 해결에 집중하는 것이었다. 그리고 성과로 연결이 가능한 제안제도를 이용했다. 지금은 전산화가 되어서 컴퓨터로 입력하지만 당시에는 종이에 직접 써야 했다. 퇴근할 때는 제안서를 집에 가져가서 썼다. 펜을 잡은 오른쪽 손가락들의 허물이 다 벗겨져서 밴드를 겹겹이 붙이고 쓰기도 했다. 매일 새로운 제안을 찾아서 출원하고 실행하면서 업무성과도 오르고 일하는 즐거움은 고공행진을 이어갔다.

업무를 추진할 때 몰입은 아주 중요한 요소이다. 빠른 시간에 업

무 성과를 끌어올려서 성취감을 이루게 한다. 그러나 무작정 일에만
매달리면 신입사원 명찰을 떼기도 전에 지쳐 버린다. 업무능률은 무
작정 매달린다고 좋아지지 않는다. '열심히 일한 당신 떠나라'는 유
명한 광고도 있었다. 평일에는 업무에 매진하고 주말은 쉬어야 한다.
누구나 다 아는 내용이다. 그러나 빠르게 가고 싶은 성공 강박증으로
주말 출근에 목숨을 건다. 돈도 많이 벌고 명예도 얻고자 하는 욕구
에 빠지기 때문이다.

그러나 자신이 지치거나 가정에 문제가 생기면 그 모든 것은 허상
일 뿐이다. 재충전을 위해 주말에는 데이트를 하거나 가족과 함께하
는 주말을 보내는 것이 현명하다. 나는 주말에 아내와 자주 영화관에
간다. 그리고 카페에 들러서 한 잔의 아메리카노와 잔잔한 음악에 몸
을 맡기고 책을 읽거나 이야기를 나눈다. 재충전은 직장 생활에 활력
을 주는 방법이다.

일하는 방법이 직장 생활의 성패를 가른다. 다양하게 부여되는 업
무를 잊지 않으려면 적어야 한다. 적자생존(적는 자만이 살아남는다)이다.
경청만으로는 천재라도 시간이 지나면 전부 기억해 내지 못할 것이
다. 그 때문에 업무 플래너나 수첩을 활용하여 해야 할 일을 기록할
필요가 있다. 나는 대체적으로 플래너, 업무수첩, 컴퓨터 일정표를
함께 활용한다. 효율적인 업무 수행을 하는 데 매우 중요한 동반자
다. 상사와 업무 미팅 중 배분되는 중요한 업무부터 간단한 전달 사
항까지 모두 적는다. 필요한 정보를 효율적으로 찾을 수 있도록 적는

것은 기본이다. 원하는 내용을 바로 찾지 못하면 효용가치가 떨어진다. 꼼꼼하게 적어둔 사람은 자신에게 부여된 업무를 누락하는 실수가 없다. 꼼꼼히 기록하는 모습은 상사에게 신뢰감을 심어 준다. 일하는 방법이 스마트한 사람은 잘 적는 습관을 지녔다.

최근 선후배 동료와 이야기를 해보면 고충이 많다. 언제 대상이 될지 모를 권고사직의 두려움 때문이다. 회사에서는 기여도가 낮은 인력에 대해서 구조조정 필요 시 우선순위에 두고 면담을 하기도 한다. 그러나 대부분 충실히 일만 해왔을 뿐 자신만의 비전이나 전문능력을 계발해 두지 않았다. '설마 산 입에 거미줄 치겠어?' 그렇게 살다가 막막한 현실에 부딪히는 것이다. 재취업을 알아보지만 그 또한 어렵다. 아직은 40대나 50대 초반으로 일선의 현역으로 살아갈 날이 창창한데도 말이다. 반대로 한 선배는 회사에서 퇴직을 만류했다. 그러나 그 선배는 자신의 업무에서 전문가 수준의 노하우를 10여 년 넘게 닦아 왔다. 결국 그는 본인의 의지대로 창업을 위해 당당하게 회사의 울타리를 벗어났다. 이런 스토리는 미래의 당신에게도 나타날 수 있는 일이다. 억울함을 호소하며 초라하게 떠나지 않으려면 지금 업무에서부터 한 계단씩 전문가 수준의 실력을 쌓아 가야 한다. 직장 생활의 성패는 저절로 구분되는 것이 아니다. 비전을 안고 얼마나 더 큰 열정을 발휘하며 자신을 탈바꿈시켜 가는지에 직장 생활의 성패가 결정된다. 변하지 말아야 할 것은 취직을 위해 노력할 때의 초심이다.

07
진정한 승부는
첫 직장에서 시작된다

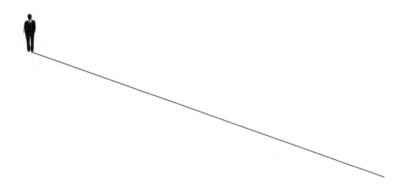

"이 건방진 놈, 네 어딜 감히 함부로 지나가려느냐?"

공수는 완전무장을 갖춘 채로 긴 창을 들고 성문을 나와 관우에게 소리쳤다. 조조 수하의 공수 장군은 동령관의 수문장이었다. 관우는 입가에 냉소를 흘렸다. 관우는 마차를 뒤로 물린 뒤 말에 올라타 청룡언월도를 들어올렸다. 그리고 곧장 공수를 향해 질주했다. 그런 관우에게 공수도 창을 휘둘러 맞섰다. 그러나 서슬 퍼런 날에 두 동강이 난 공수의 시체가 말에서 떨어지고 사방으로 피가 흩뿌려졌다. 이문열 작가의 《삼국지》에 나오는 한 대목이다. 삼국 중에서 촉나라를 유비와 함께 세운 관우는 여러 적장들을 단칼에 벤 천하무

적이었으며 그의 이름만으로도 적군을 벌벌 떨게 만들었던 영웅 중의 영웅이다.

취업 성공은 천하에 두려울 게 없었던 삼국지의 관우처럼 기세가 높아진다. 희망하고 고대하던 기업에 합격했을 때의 기쁨은 천하를 얻는 기분이다. 그러나 무지갯빛 환상에서 깨어나는 데 그리 오랜 시간이 걸리지 않는다. 부서 배정과 일정 시간의 인큐베이터 기간이 지나고 나면 고난의 행군이 기다리고 있다. 그러나 겁먹을 필요는 없다. 취업 성공은 인생의 새로운 시작점이다. 인생에서 겪게 되는 많은 관문 중 하나일 뿐이다. 긍정적인 시각으로 바라보면 모든 것이 나의 발전을 위해 준비된 과정이다.

학창 시절에는 공부에 지쳐서 빨리 성인이 되어 사회에 진출하면 좋겠다는 생각을 했다. 학생 신분으로는 아르바이트에서조차 제대로 된 대접을 받지 못했다. 사소한 꼬투리를 잡아서라도 월급은 바겐세일이 되기 일쑤였다. 사회에 나가면 마음껏 세상을 누릴 수 있을 것만 같았다. 그러나 첫발을 내딛는 순간부터 현실을 깨닫게 된다. 그 어려운 취업의 문을 여는 데 성공했지만 여러 가지 난관에 봉착한다. 회사는 노동의 대가로 돈을 받는 곳이다. 일을 잘하면 승진하지만 그렇지 않으면 탈락이다. 회사에서 필요로 하면 지속 고용이 보장되지만 필요하지 않으면 퇴출명단에 오른다. 극단적으로 생각할 수도 있지만 고용사회의 붕괴로 인해 이 모든 것은 현실이다. 처음부터 일에 대한 관점을 제대로 잡아 나가야 당신의 직장 생활 승부수가 우 상향으로 그려진다.

어떤 사람이 건축 중인 공사장을 지나가다가 벽돌을 쌓고 있는 세 명의 벽돌공을 보았다. 그는 첫 번째 벽돌공에게 물었다.

"지금 무슨 일을 하고 계십니까?"

첫 번째 벽돌공이 대답했다.

"보다시피 벽돌을 쌓고 있지요."

두 번째 벽돌공에게도 같은 질문을 했다.

"벽을 만들고 있는 중입니다."

그러나 세 번째 벽돌공은 다음과 같이 답했다.

"저는 지금 아름다운 성당을 짓고 있습니다."

이 일화에서 세 번째 벽돌공은 누구보다도 더 견고한 벽을 쌓기 위해 정성을 쏟을 것이다. 그리고 아름다운 성당의 완성을 상상하고 기대한다. 그 결과 단순한 벽돌을 쌓는 잡부에서 건축 예술가로 자신을 변화시키는 것이다. 이처럼 자신의 업무에 가치와 보람을 부여한다면 벽돌을 쌓는 노동의 고통이 아니라 즐거운 게임을 하듯이 적응하게 된다.

직장은 팀 단위로 이루어지는 조직 생활이므로 상사의 업무지시에 적극적으로 따라야 한다. 조직에서 추진하는 과업이 성공적으로 진행되도록 도와야 당신의 평가도 좋아진다. 회사는 공생관계이다.

상사는 부하직원을 최고의 인재로 성장하도록 지원한다. 반대로 부하직원은 상사가 최대의 업무성과를 내도록 지원하는 것이다. 상사와 충분한 정보를 공유하고 제대로 된 업무 피드백을 받아 함께 성과를 만들어 가야 한다. 회사에선 각 개인마다 매년 수행한 업무실적으로 평가를 실시한다. 평가는 연봉을 결정하는 중요한 제도이자 승진의 단초이다.

입사 당시에는 혈기왕성하고 의욕적으로 업무에 몰입하게 된다. 모르는 것이 많으니 배워야 할 게 많아서 바쁘다. 그러나 일정 시간이 지나면 업무에 익숙해진다. 반복되는 회사 업무에 지루함을 느낀다. 지루함과 익숙함에 일의 중요성을 잊어버린다. 프리랜서가 아닌 조직 생활은 매일 해야 할 일이 비슷할 수밖에 없다. 그런 연유로 '재미있는 일이 없을까?' 주변을 두리번거리게 된다. 이런 상황은 어느 한 사람의 일이 아니다.

하루하루의 일과에 지루함을 대체할 신선한 힘을 불어넣을 묘수는 없을까? 단순하게는 외모를 바꾸어 본다. 심하게 볶지만 않는다면 남성의 퍼머도 괜찮다. 계절이 바뀌면 집안의 가구를 바꾸어 분위기를 살리듯이 책상 위의 배치를 달리해 본다. 반복되는 일상에 변화를 주기 위한 포인트로 동호회 활동을 시작한다. 새로운 것을 배우며 타부서 사람들과 인맥을 쌓기 쉬운 동호회 활동이야말로 일거삼득의 방법이다. 동호회에서 다져진 인맥으로 타부서와의 업무 협업도 수월해졌기 때문이다.

오늘도 업무를 마무리하지 못해 연장근무를 했다. 늦은 시간까지 간신히 업무를 마치고 쉬고 싶은 생각에 급히 퇴근하던 길에 반가운 입사 동기를 만났다.

"친구야, 오랜만이다. 잘 지내지! 얼굴색이 안 좋아 보이네?"

"요즘 업무가 좀 많고, 잘 안 풀려서 그래."

"그래? 나와 비슷하네. 나는 스트레스 탈모 증상인 땜빵까지 생겼어."

"맞아! 나는 턱수염에 땜빵이 생기는 희한한 증상이 생겼어."

"나만 힘든 줄 알았는데…, 너도 힘들구나!"

"오래간만인데. 맥주 한잔 어때?"

"좋지, 그동안 어떻게 지냈는지 궁금하기도 하네."

그렇게 맥주와 치킨 집으로 들어가 이야기 삼매경에 빠진다. 서로를 위로하며 신나게 떠들고 나니 답답한 가슴이 뻥 뚫리는 것 같다. 집에 들어와 시계를 보니 밤 12시다. 씻고 잠을 청한다. 몇 시간이 흘렀을까? 기상 알람 소리에 괴롭힘을 당하다가 다시 돌아누웠다.

앗! 짧은 외마디와 함께 침대에서 굴러 떨어졌다. 급히 일어났지만 몸이 말을 듣지 않았다. 팔다리가 따로 놀았다. 벌써 7시가 넘었다. 출근 전쟁이다. 멍한 정신으로 뒤엉킨 머리를 뜯어내며 씻지도 않고 옷을 걸친다. 속옷은 뒤집어 입었는지 느낌이 이상하다. 짓눌려진 머리에 물을 묻히고 고양이 세수를 마친 뒤 허겁지겁 출근길에 오른다. 숨이 턱에 차고 토할 것 같다. 하늘이 빙빙 돈다. 간신히 회사에 도착하여 게이트에 출입증을 찍어 지각을 모면했다. 아침을 걸렀더니 속이 쓰리다. 부족한 잠으로 인해 업무 의욕은 바닥이다. 오늘도 근무시간 내에 업무 마무리는 틀렸다. 점심시간만 기다리며 시계추처럼 휴게실과 사무실을 들락거린다.

직장인 누구나 한 번쯤 겪을 수 있는 사례다. 실제로 퇴근 후 스트레스 해소법으로 술자리를 즐기는 많은 직장인들이 전날의 과음에 괴로워한다. 잦은 술자리를 즐기던 동료는 당뇨병과 고혈압이 생겨 하루도 빠짐없이 약을 복용한다. 건강은 젊은 시절부터 관리해야 한다. 주 3회 이상 운동을 하고 충분한 수면을 통해 스트레스를 줄여야 한다. 직장 생활에서 가장 관리하기 어려운 사람은 자기 자신이다. 자신의 장점은 한없이 끌어올리고 단점을 보완해 가는 것이 정석이라곤 하지만 그게 말처럼 쉽지 않다. 많은 사람들이 실패 앞에서 쉽게 포기하거나 좌절하기도 한다. 인생의 고난과 역경을 꿋꿋하게 이겨내려면 긍정적 신념을 가져야 한다. '지금까지 잘해 왔잖아. 앞으로도 잘할 수 있어.' 스스로를 다독거리고 보살펴 주자.

08
스펙보다
열정으로 임하라

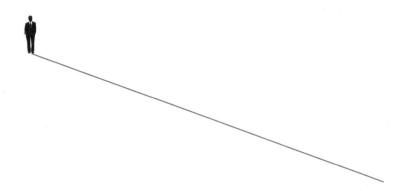

　신입사원 교육과정에 제안과 특허 관련 강사로 초빙되어 갔다. 강의실을 둘러보니 신입사원 치고는 대부분 나이가 꽤 들어보였다. 경력사원이었다. 출신 학교를 물어 보니 명문대 출신에 뛰어난 학벌과 스펙을 지녔다. 토익점수는 모두 1급이었다. 고졸 스펙인 나로선 부러움의 대상이었다. 게다가 영어라면 진저리를 치는 나였다. 오랜 시간 영어와의 싸움에서 패배의 쓴잔을 마셨기 때문이다. 지금도 사전을 찾아가며 관련 문서를 간신히 처리할 정도다.

　그러나 스펙이 좋으면 일도 잘 할까? 물론 배움이 많으니 그럴 수 있을 것이다. 그럼에도 내가 겪어본 우수한 스펙의 사원은 1년여가 넘도록 업무능력이 제자리였다. 상사가 찾을 때마다 보이지 않아서 이미지도 좋지 않았다. 잡일은 어떻게든 피하려고만 했다. 그는 시간이 흐를수록 누구에게도 관심을 받지 못했다. 사건 사고는 없었지만 관리대상 관심사원으로 성장하고 있었다. 같이 입사한 동료들이 승진할 때도 그 자리에 머물러 있어야 했다. 직장은 스펙으로만 일하는 곳이 아니다. 잡일이라 생각되어도 열정을 바쳐야 한다. 열정이 없으면 영원한 신입사원으로 남는다.

나는 신입사원 때 2교대 같은 3교대 근무를 했다. 틈만 나면 설비와 주변을 정리하고 청소하기를 게을리하지 않았다. 잔업을 포함하여 12시간 근무를 마치고 나면 코피가 날 정도로 고단했다. 그럼에도 일을 할 수 있어서 행복했다. 나는 고등학교 때 납 연기 가득한 지하실에서 워키토키를 만들었다. 자동문 설치 아르바이트 때는 고층까지 줄사다리를 타야 했지만 위험수당이 붙는다며 좋아했다. 그렇게 열악한 환경에서 근무한 경험이 있었기에 좋은 환경의 직장은 매우 감사할 따름이었다.

어느 날 갑자기 의식을 잃고 쓰러졌다가 깨어났다. 불행의 원인은 인체의 모든 기능이 정지하는 '자물쇠 증후군'이었다. 왼쪽 눈꺼풀을 제외한 모든 신체기능을 상실하였다. 유일하게 허락된 의사소통 방법은 왼쪽 눈의 깜박임뿐이었다. 모든 현실을 깨닫게 되자 절망의 나락으로 떨어졌다. 아무것도 할 수 없는 절망적인 날들의 연속이었다. 그러나 주변 사람들의 도움으로 희망을 찾게 되었다. 언어치료사의 도움으로 15개월 동안 20만 번의 눈을 깜박여서 한 권의 책을 남겼다. 제목은 《잠수종과 나비》이다. 프랑스 패션잡지 〈엘르〉의 편집장이자 저널리스트였던 잠 도미니크의 실화다.

그는 이 책을 통해 잠수종에 갇힌 듯 멈춰 버린 육체의 한계를 자유로운 영혼으로 비상시켰다. 그는 책이 출간되고 10여 일도 지나지 않아 세상을 떠났다. 그러나 그의 열정은 감동 그 자체로 전해지고 있다. 인생길을 걷다 보면 견디기 힘든 시련과 좌절을 만나서 포기하고 싶을 때가 있다. 그때마다 잠 도미니크의 열정을 기억하면 이겨나갈 힘이 생길 것이다.

나는 직장 생활 초년에 최선을 다해 일해도 성과가 미미했다. 돌이켜 보면 왼쪽 눈꺼풀을 20만 번이나 깜박이며 책을 쓴 잠 도미니크에 비하면 10%의 노력에도 근접하지 못했다는 생각이 들었다. 그 후 효율적으로 일하는 방법을 찾기 시작했다. 현장 설비의 생산성을 높이기 위한 연구 끝에 작업시간 단축과 생산성 향상 방법에 눈을 뜨기 시작했다. 일을 하면서도 틈틈이 고민을 했다. 개선이 필요하다고 생각되는 문제점을 노트에 적었다가 제안으로 제출하고 실행했다. 제안 상금은 덤으로 주어졌다. 상금의 50%를 모아서 눈여겨보았던 삼성 미놀타 카메라를 구입했다. 세상을 다르게 보는 창조예술의 사진작가가 된 것처럼 기뻤다. 세상에는 안 되는 이유가 셀 수 없이 많다. 시간이 없어서 못한다. 돈이 없어서 못한다. 머리가 나빠서 어렵다. 능력이 부족하다 등등…. 할 수 없다는 변명거리를 찾는다면 끝이 없다. 중요한 것은 열망과 열정이다.

입사 초기 때의 일이었다. 근무조 간 교대 시 설비와 생산의 진행 현황을 공유한다. 문제는 설비 관련 주요 이슈 내용을 대부분 구두로 전달하다 보니 오류가 많았다. 사람들마다 전달과정에 누락되는 것이 있었기 때문이다. 인수인계 전달에 오류가 생기면 설비 문제는 처음부터 다시 원인을 찾아야 했다. 그러나 관습적으로 이어온 상황들이라며 문제제기를 해도 심각하게 받아들여지지 않았다. 효율적인 대안을 찾아 고민한 끝에 해답을 구했다. 구두로 이루어지던 인수인계 방식에서 인수일지를 디테일하게 적도록 하면서 해결되었다.

열정이 없는 직장 생활은 슬프다. 당신은 어떤 마음가짐으로 살고 있는가? 경력이나 학벌과 같은 스펙으로만 무장하여 당신을 돋보이게 하고자 애쓰지 않는가? 스펙보다 혼신의 노력으로 일해야 한다. 혼신의 노력은 '이만하면 되겠지?'라는 생각보다 한 걸음 더 내딛는 것이다.

내가 처음 수영을 배울 때였다. 강사는 머리를 물속으로 완전히 넣어야 물에 뜨기가 쉬워진다고 강조했다. 단순한 한마디였으나 행동으로 옮기는 것은 완전히 다른 차원이었다. 초보자라는 것을 광고하듯이 고개를 들었다. 머리를 물속으로 깊이 넣었다고 생각했지만 시늉만 한 것이다. 원인은 물에 대한 두려움이다. 물에 뜨려면 용감

해야 한다. 머리를 물속으로 생각보다 더 깊이 넣어야 한다. 긴장을 풀고 몸에 힘을 빼야 성공한다. 어릴 때 물에 빠져 숨쉬기조차 어려웠던 기억도 이겨낼 수 있다. 하고자 하는 열정만 있으면 가능하다.

우리의 눈에 보이는 빙산은 10%에 불과하다. 90%의 보이지 않는 부분이 물속에 잠겨 있다. 눈에 보이는 것은 빙산의 일각이다. 숨어 있는 문제의 본체를 찾아내 해결해야 한다. 자기계발도 다르지 않다. 아직 발견하지 못한 내면의 90%를 깨우는 것이다. 눈에 보이는 10%의 스펙 인생에 주눅 들기에는 인생은 길다. 잠자는 90%의 잠재력을 조금씩 깨워 나가면 당신은 상위 20%의 열정 직장인으로 거듭난다. 업무와 더불어 자신을 위한 새로운 분야를 개척해 나가면 인생의 즐거움은 한층 높아진다.

나는 30대에 힙합을 배웠다. 춤에는 영 소질이 없어서 나무토막이었다. 이런 나의 모습에 후배들이 즐거워하는 웃음소리를 들으면 함께 웃어주며 연습했다. 하루도 거르지 않고 욕실 거울을 친구 삼아 연습했다. 그 결과 잘하지는 못해도 힙합 공연까지 참여할 수 있었다. 공짜는 없다. 하면 된다.

사람은 자신이 평상시에 머릿속에 그리는 이미지대로 살게 된다. '짜증나', '싫다' 이런 부정적인 단어를 즐기는 사람은 인생도 그렇게 살게 된다. 연극이나 영화는 우리의 인생을 함축한 것과 같다. 물론 재미를 위해 과장된 면도 있다. 우리는 태어나면서부터 한 편의 인생

영화를 찍는 중이다. 영화에는 주연과 조연이 출연한다. 캐스팅된 주연 배우는 당신이다. 스펙보다 열정으로 무장한 당신이 주인공인 인생 영화를 찍는다. 가슴이 시키는 멋진 꿈을 필름 속에 아로새기는 미래의 주인공이 되자.

2장

함께 입사했다고
다 같은 길을
가는 것은 아니다

01
열심히 하는 사람 말고
잘하는 사람이 되라

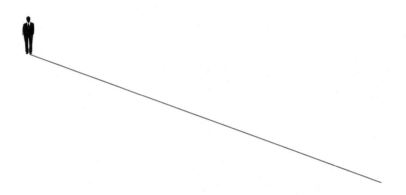

'워크하드(Work Hard) 형으로 살 것인가?

워크스마트(Work Smart) 형이 될 것인가?'

밤늦게까지 잔업을 하는 유형은 언제나 같은 사람이다. 열심히 하는 사람이 일을 잘 하는 사람일까? 성실하게 보이기 위해 양적으로 시간만 늘리는 잔업은 아닐까? 성실하다는 것은 시간의 양이 아닌 성과의 질을 높이는 것이다. 오늘도 남아서 일하는 습관이 있다면 자신을 점검해 보아야 한다. 왜 잔업을 하고 있는지 원인 분석이 필요하다. 근무 강도를 높여서 정시에 퇴근할 수는 없었는지? 주어진 업무를 빨리 할 수 있는 방법은 없었는지? 시간을 팔아서 생계를 이어가는 워크하드 형의 전형적인 업무 방식은 아닌지? 만약 그렇다면 하루 빨리 탈피해야 한다. 습관은 일관성 있는 반복에 의해서 만들어진다.

우리는 운전을 배우고자 하면 운전학원에 다닌다. 면허취득을 하고 나면 자신의 차를 운전하게 된다. 이때가 가장 중요한 시기다. 운전의 습관이 만들어지는 시기이기 때문이다. 봄기운 가득한 5월 초, 결혼식에 참여하기 위해 후배가 운전하는 차를 탄 적이 있었다. 평소에 차분한 말투와 예의 바른 모습에 선배들이 꽤나 좋아하는 후배였다. 그런데 운전을 시작하자 돌변하는 모습을 보였다. 다급한 운전과 앞차와의 안전거리를 무시하고 바짝 붙는 것이었다. 천천히 가자고 하면 잠시 늦추는 듯 했으나 잠시 뒤엔 언제 그랬냐는 듯 차선을 수시로 변경하며 운전했다. 앞차의 후미에 바짝 붙어 가며 차선 바꾸기가 한참이나 계속되었다. 짜릿한 승차감에 롤러코스터를 탄 기분이었다. 목적지에 도착할 때 까지 조수석 손잡이에 매달리다시피 했던 기억이 아직도 생생하다. 도착하고 나서 후배에게 앞차와 접촉사고가 잦지 않은지 물어 보았다. 예상대로 앞차의 후미에 부딪혀서 배상한 경험이 여러 차례 있었다. "운전대만 잡으면 저도 모르게 앞차와 바짝 붙네요." 후배의 말이다. 처음 운전할 때의 잘못된 습관이 반복적으로 이어지면서 굳어진 결과였다.

어떤 것이든 행동으로 굳어지면 고친다는 것 자체가 어려워진다. 의지와 다르게 습관은 자신도 모르게 튀어나온다. 처음부터 제대로 된 습관을 만들고자 노력해야 하는 이유다. 워크하드 형의 업무 형태도 이와 같지 않을까? 잘못된 업무 습관에 의해 만들어진다. 엉덩이로 일하는 사람들은 대부분 이렇게 말한다. "어제 밤늦게까지 일했더니 너무 피곤합니다."라고 자랑한다. 그러나 열심히 일하는 것에만 집중한 나머지 중요한 부분을 간과하고 있다. 바로 회사의 목표라는 것이다. 특히 엉덩이로 일하는 사람들은 팀이나 부서의 중기적 목표가 아닌 눈앞의 성과에 연연한다. 엉덩이도 좋지만 머리로 일하는 습관을 가져야 한다. 회사와 팀 그리고 부서와 나의 목표를 일치시키고 구체적인 결과물을 만드는 것이 답이다. 누가 더 오래 회사에 남았는가의 시합은 회사와 개인 모두가 손해보는 장사다. 이제는 작은 성과에 치중하여 열심히만 하는 워크하드 형의 업무방식에서 탈피해야 할 때다.

어차피 해야 할 일이라면 일에 끌려가지 않고 잘할 수 있는 방법을 연구해야 한다. 일을 잘 하려면 숫자에도 밝아야 한다. 프로젝트를 추진할 때 목적과 방법 그리고 예상되는 효과와 납기를 정한다. 서술형 문장만으로 작성하기보다는 두괄식 형식으로 요약하고 구체적인 최적의 숫자로 표현한다. 상사가 추진 여부를 손쉽게 결정할 수 있도록 하기 위해서다. 추진 목적에는 문제의 정의와 손실비용 등을 표현한다. 추진 방법은 대책안과 함께 예측되는 투자비용을 적는다. 예상되는 효과는 손실이 해결될 때의 이익비용에 투자비용을 제외하면 된다. 납기는 세부대책 항목별 최단시간 추진 가능한 날짜까지 분석하여 정한다. 대책은 구체적인 항목으로 나눈다. 항목별 적임자와 최종 인원수를 선정하고 프로젝트팀 구성의 필요성까지 보고해야 승인을 받을 수 있다. 뉴스의 대미에 나오는 일기예보에서도 모든 것을 예측할 때 숫자로 제시해 준다. 기온, 바람, 풍랑 그리고 눈과 비의 양을 숫자로 알려준다. 일부 오차는 있지만 사전대응을 하기에는 문제없다. 내일 비가 온다는 일기예보를 접하면 우리는 우산을 챙길 수 있기 때문이다.

직장 생활은 학교와 다르게 반드시 수행해야 할 업무가 있다. 업무 추진이 뒤처지면 누군가는 책임을 져야 하는 시스템으로 돌아간다. 업무가 원활하지 않으면 상사의 꾸지람이 따른다. 상사가 꾸짖는 것은 당신이 미워서 그런 것이 아니다. 상사의 기대한 바가 크기 때문이기도 하다. 업무가 잘 되지 않으면 상사 또한 그 위의 상사로부터 꾸지람을 듣는 어려움이 있다. 그리고 감정에 치우쳐서 이야기하는 상사라면 당신과 신뢰관계가 두텁기 때문일 수 있다. 상사의 관심 밖에 있다면 꾸지람 자체를 들을 일이 없다. 그런 사원은 조직에서 신임을 잃은 것이다. 감사하는 마음으로 꾸지람을 수용하도록 한다. 그리고 같은 실수를 반복하지 않도록 한다. 나도 입사 초기에 업무처리 지연과 능력부족으로 꾸지람을 듣곤 했었다. 위기는 곧 기회를 부른다. 그때마다 나는 업무와 관련된 서적을 더 깊이 파고들었다.

일 잘하는 사람이 되려면 워크스마트 형이 되어야 한다. 워크스마트 형은 회사에 기여하는 유형적 성과를 만들어 낸다. 일을 시작하기 전부터 성과 목표를 예측하고 있다. 가장 이상적인 방향을 고민하고 찾아 실행한다. 성과 창출을 통한 회사 발전에 기여하고자 무한노력을 한다. 경제적이고 알찬 근무시간을 만든다. 커피 한 잔의 쉬는 시간도 10분 이내로 아낀다. 오늘 목표한 일을 근무시간 내에 마무리하고자 바쁘다. 그러나 반드시 필요한 경우에는 잔업을 통해서라도 마무리하는 정성을 쏟는다.

얼마나 성실하게 일하느냐가 아닌 얼마나 효율적으로 일하느냐가 회사 생활의 미래에 지대한 영향을 미친다. 프로젝트를 할 때는 투자비 회수 기간을 점검해야 한다. 쉬운 예로 투자비가 1,000만 원인데 투자로 인한 연간 효과는 500만 원이다. 여기서 투자비인 1,000만 원을 500만 원으로 나누면 투자비 회수 기간이 나온다. 계산하여 나온 2의 숫자는 투자비 회수에 필요한 소요 기간으로 2년이 소요된다는 뜻이다. 보통 투자비 회수 기간은 짧을수록 좋다. 적정 기간은 6개월 이내가 Best이며 늦어도 1년을 넘기면 안 된다. 투자비 회수 기간이 길게 나오면 다른 대안을 찾아야 한다. 최소 투자비용으로 최대 효과를 만들어야 하기 때문이다.

일 잘하는 사람은 효율적인 일의 방식으로 주어진 근무시간에 몰입을 통해 최대 효과를 만든다. 퇴근 후에는 건강을 위한 취미와 미래의 리더로 성장하기 위한 자기계발에 힘쓴다. 나는 20대에 젊은 혈기만 믿고 과로한 탓에 안면마비가 왔었다. 대학병원에 다녔지만 나아질 기미가 보이지 않았다. 친절한 병원과 의사보다 내 병을 정확히 진단하고 치료하여 낫게 해줄 곳을 찾기 시작했다. 여기저기 물어보고 인터넷을 검색하여 명의로 불리는 한의원을 찾아서 치료 후 회복했다. 그곳에는 3대에 걸쳐 안면마비를 연구하고 치료해 온 전문의가 있었다. 실력만으로 전국에서 환자들이 구름처럼 몰려왔다. 이처럼 어떤 분야의 1등이 되면 애쓰지 않아도 모두가 알아준다. 잔업과 특근으로 어필하기에는 한계점이 드러난다. 의사가 병을 고치는 전문가라면 직장인은 성과를 내는 전문가가 되어야 한다. 일 잘하는 직원의 조건은 깔끔한 근태관리와 성과를 창출하는 방법에 익숙해져야 한다.

02
생각과 행동은
동시개봉작이어야 한다

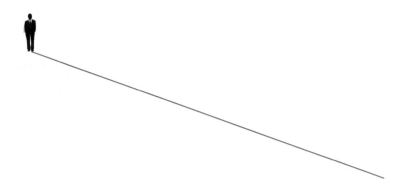

시간외 수당에 연연하거나 상사의 눈치를 보는 야근 횟수는 업무 능력이 아니다. 이런 생활은 아침마다 퉁퉁 부은 눈으로 '아! 너무 힘들다.' 자조 섞인 한탄을 동반한다. 가족과 제대로 된 이야기를 섞어 본 것이 언제인지 모르겠다며 푸념이 절로 나온다. 힘들어 죽겠다고 가족에게 신음 아닌 신음을 흘리고는 오늘도 야근에 목숨을 건다. 야근이 잦다면 업무항목별 중요도에 따른 우선순위 설정과 시간 관리에 문제가 없는지 점검해 볼 필요가 있다. 업무력 부족의 문제는 아닌지 점검하여 대안을 수립해야 한다.

기회는 누구에게나 평등하게 주어진다. 그러나 준비되지 않은 사람은 기회를 흘릴 수밖에 없다. 나는 중국 주재원 업무를 갈망했었다. 하지만 경쟁자가 많아서 하늘의 별따기와 같았다. 나는 사이버 한국외국어대학교 중문과를 졸업하며 주재원 조건의 어학 자격을 취득했다. 중국의 역사와 문화도 미리 배워 두었다. 그러나 기다리는 주재원 발령의 기회는 젊은 후배들에게 주로 돌아갔다. 아쉽기는 하지만 한 단계 점프한 글로벌 역량을 만들 수 있었음에 만족한다. 역량을 발휘하고 인정받을 수 있는 또 다른 기회는 어디서든 찾아온다. 기회란 묵묵히 자신의 몫을 해내고 끊임없이 노력하며 역량을 쌓아가는 사람에게 노크를 하기 때문이다.

매년 새해에는 회사의 경영전략 수립과 연관된 큰 프로젝트를 기획한다. 큰 틀에 맞추어 세부 항목을 나누어 담당자를 결정한다. 그러나 계획대로 빠르게 추진되지 않는 경우가 많다. 실행하려는 생각은 있으나 즉시 행동해야 하는 것을 간과하고 있기 때문이다. 맡겨진 업무를 구체화하고 계획 로드맵을 수립하여 즉시 행동으로 옮기지 않으면 언제 진행될지 모른다. 생각과 행동이 동시에 이루어지지 못하는 원인 중에는 업무능력 부족의 영향이 크다. 중요업무의 기회가 주어져도 역량이 부족하여 그르치는 것이다. 일을 잘하기 위한 역량 개발이 꾸준히 이루어진 사람은 어떤 일이 주어져도 술술 풀어낸다. 빠른 업무 처리로 상사와 회사로부터 신임을 얻는다. 일에 착수하면 끝까지 물고 늘어지는 근성이 있다. 성과에 대한 포상과 승진에 있어서도 추월차선을 타게 된다.

내가 생산기술 부서에 근무 중일 때였다. 생산계획 대비 설비투자

및 개조개선 업무를 맡고 있었다.

"이번 달 OO제품 생산량을 1000만 개 추가 생산해 주세요."

수화기 너머로 영업부 임 대리의 목소리가 다급하게 들려왔다.

"최종 공정의 설비 생산량이 불가능해요."

모든 설비생산량을 머릿속에 외우고 있던 나는 즉시 어려움을 알렸다.

"굉장히 중요한 고객입니다. 반드시 대응해 주셔야 합니다."

"방법을 찾아보겠습니다."

"감사합니다. 필요하면 설비투자도 바로 해주세요. 결재승인 문서는 메일로 발송 드리겠습니다."

상대방의 목소리는 간절함 그 자체였다.

갑자기 증가된 고객요청 생산수량은 보유설비만으로는 불가능한 숫자였다. 설비투자 비용은 100억 원이 예상되었다. 더 큰 문제는 15일 내에 대량의 설비가 갖추어져야 고객요구 수량을 맞출 수 있었다. 설비 1대 제작에 50일 이상 소요되니 현실적으로는 그림의 떡이었다. 상사에게 보고하였으나 모두가 비상이라는 생각으로 발만 굴렀다. 검토 결과는 납품을 포기해야 하는 상황이었다. 그러나 나는 어떻게든 이 난제를 풀고 싶었다.

나는 아무도 없는 화장실 거울 앞에서 100억 투자절감 의미로 '일

빵빵(100)작전을 성공하라.'는 명칭을 종이에 써서 지갑에 넣은 후 주먹을 불끈 쥐었다. 해당 공정의 설비담당 후배를 불러 현장에서 이틀밤을 보냈다. 보유 설비의 생산성을 올릴 방법에 대해서만 집중했다. 밤새워 설비의 동작 하나하나를 지켜보며 상상을 거듭했다. 후배와 토론을 하다가 불현듯 아이디어가 뇌리를 스쳤다. 로봇팔을 지지하는 벨트 탄성력 변경과 로봇팔의 1회 동작 8스텝을 4스텝으로 간소화하면 설비의 스피드를 2배로 올릴 수 있겠다는 생각이었다.

다음 날 긴급히 벨트 탄성을 잡아주기 위한 가공품을 샘플로 만들어 부착했다. 그리고 로봇 동작을 4스텝으로 변경하여 설비 전체의 스피드가 1.5배 이상 올라갔다. 그 결과 설비투자 없이도 생산요구 목표를 맞출 수 있었다. 동료와의 협업과 즉각적인 행동이 빛을 발했던 경험이었다. 대성공의 기쁨과 부수적으로 제안 1등급과 별도의 포상을 받았다. '일빵빵 작전 성공!!!'

대부분 직장에서는 업무에 대한 전공서적을 찾아 공부하는 분위기가 형성되어 있지 않다. 평생 두세 권도 제대로 읽지 않고 업무에 임한다. 업무 관련 전공서적 100권 읽기 프로젝트에 도전해 보면 어떨까? 경험으로 볼 때 새로운 깨달음을 얻을 수 있다. 하루 1시간 투자로 주당 한 권을 목표로 하면 일 년에 52권을 소화할 수 있다. 나는 결혼하기 전에 매년 하계휴가를 회사 도서실로 택했다. 뜨거운 여름을 책과 함께 보냈다. 에어컨 바람은 보너스였다.

목표를 간절히 원하면 잠재의식 속에 기억이 된다. 그리고 잠재의식은 그것을 달성하기 위해 가동된다. 우리가 자고 있는 동안에도 잠재의식은 지혜를 구하고자 행동한다. 간절히 원하고 바라는 대로 이루어지도록 돕는다. 그러므로 자신의 잠재의식에 항상 밝고 기대에 찬 말을 들려주어야 한다. 생각과 행동이 일치되어야 하는 것이다. 잘나가는 사원은 작은 일에도 최선을 다해 즉시 행동으로 옮긴다. 업무와 대인관계에서 오는 스트레스를 줄이는 해법으로 동호회 활동에도 열정을 갖는다.

"어이 김 대리, 이번에 또 사장 상을 받더군. 축하하네."

"네, 챙겨 주시네요."

"남들은 한 번도 받기 힘든데, 어떻게 하면 그렇게 자주 상을 받을 수 있나?"

"그러니까…, 열심히 하면 되는 것 같습니다."

"열심히 안 하는 사람이 어디 있나요? 제대로 된 비결을 알려 주소. 저녁에 한잔 살 테니 연락 주소."

올해 초 사업장에서 상금순위 1등을 해보자는 목표를 수립했었다. 가장 중점적으로 도전할 분야는 제안이었다. 연초에 세운 목표를 실현해 가며 가을에 접어들 즈음 꽤 많은 다양한 분야의 상장과 시상금을 거머쥐고 있었다. 사실 거창한 비결은 나에게도 없다. 문제를 찾아내고 시간을 들여서 진지하게 고민한 아이디어를 즉시 실행에 옮기는 것이 전부다. 비결은 단순하다. 성과를 만들어 내고 제안을 내서 포상을 받고 나면 동료들은 이구동성으로 말한다.

"아 뭐야~, 나도 그 아이디어를 생각해 두고 있었는데!"
"나중에 하려고 준비하고 있었는데, 아쉽군!"

시간이 부족해서 미처 추진하지 못했던 아이디어라며 안타까워한다. 물론 그럴 수 있다. 제조 현장에 관심을 가지면 아이디어는 무궁무진하게 보인다. 생각은 누구나 할 수 있다. 좋은 아이디어를 누구나 생각해 낼 수 있고 자랑할 수 있다. 그러나 행동이 따르지 않는 아이디어는 남의 것이다. 초고속으로 발전하는 지금 시대는 0.1초라도 더 빠르게 행동하고 선점하지 않으면 자기 것이 아니다. 생각과 동시에 행동하지 않으면 레드오션 경쟁에서 절대 빠져 나올 수 없다. 생각했으면 즉시 행동하여 자신만의 흔적을 남기자.

03
안 된다는
생각을 버려라

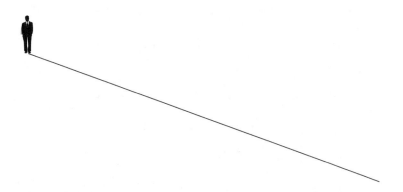

'회사에 일하러 오는 건지 놀러 오는 건지 구별이 되지 않는 사람.

중요 회의에 미처 몰랐다며 참석조차 하지 않는 사람.

출근만 하면 사라지는 사람.

동료가 일을 다 해 놓으면 목소리 키우며 밥숟가락 얹는 사람.

한술 더 떠서 자기가 다 했다고 우기는 사람.

상사나 주변 동료에게 잘못을 떠넘기는 사람.

잘되면 내 탓, 잘못되면 네 탓으로 돌리는 사람.

그 일은 불가능해 '노'를 남발하며 자리를 피하는 사람⋯.'

이런 사람 앞에서는 제대로 일하는 열정적인 사람조차 힘이 빠지기 일쑤다. 본인만 모를 뿐, 보이지 않는 왕따가 작용한다. 직장에서는 이런 직원을 곱게 보지 않는다. 능력을 발휘하도록 지원하고 기다려 주지만 성과가 없으면 버리는 패로 바꾼다. 최선을 다해 제대로 일해야 대접 받는다.

긍정적인 사람과 이야기를 나누면 기분이 좋아진다. 반대로 부정적인 사람과 대화를 나누면 편두통이 생긴다. 두 사람의 유형을 오랜 기간 지켜본 결과는 충격적이다. 긍정적인 사람들은 최소 부장급 이상 승진한다. 소수는 임원까지 오른다. 그러나 부정적인 사람은 대부분 퇴직을 했거나 승진조차 되지 않는다.

환자가 거짓 약을 진짜 약이라고 믿고 먹으면 효과가 있다는 '플라시보 효과'가 있다. 특히 긍정적으로 받아들이는 사람일수록 효과가 크다고 한다. 마음은 몸을 지배한다. 긍정은 노력으로 만들어진다. 긍정적인 사람은 매일 건강하게 출근하여 일할 수 있는 것에 감사한다. 자신에게 주어진 일에 최선을 다한다. 가족과 행복하게 지낼 수 있는 수입이 있어서 기뻐한다. 확고한 목표를 가지고 유쾌하게 업무를 수행해 간다. 긍정의 사고를 통해 업무 성과는 동료들의 평균보다 월등히 뛰어나다.

반면 부정적인 사람은 매달 들어오는 급여가 적다고 불평한다. '이건 불가능한 과제야. 해 보나마나 결과는 뻔해.' 주어지는 업무의 대부분을 불필요한 업무라며 밀쳐둔다. 그러다가 상사가 물으면 진행 중이라고 얼버무린다. 업무 납기는 당연히 지연되고 상사의 꾸지람을 온몸으로 받아낸다. 매년 발표되는 승진에서도 제외되어 초라한 회사 생활을 이어간다. 동료의 승진에는 배가 아프다. '이 친구가 뭘 잘 했다고 승진했어?' 박수보다는 쓴 소리를 뱉는다.

동해안으로 여름휴가를 갔을 때였다. 많은 사람들이 튜브를 타거나 수영을 하면서 물놀이를 즐기고 있었다. 나는 물에 대한 두려운 경험이 있어서 구경만 하고 있었다. 그런데 바닷물이 썰물로 바뀌어 사람들이 점점 백사장에서 멀어지기 시작했다. 우리 아이들도 그곳에 있었다. 구조대원을 급하게 부르고 발만 동동 굴렀다. 직접 나서지 못했던 심정은 참담했었다. 집에 돌아와 며칠을 고민했다. 당장 수영을 배워야겠다는 생각이 머리에서 떠나질 않았다. 물에 대한 두려움을 이길 수 있을까? 욕조에 물을 받아놓고 머리를 물속에 넣어보기도 했다. 고민 끝에 비상시를 대비해 수영을 배우기로 결심했다. 하루, 이틀, 사흘, 한 주가 지나자 다른 사람들은 물에 떠서 자유형을 조금씩 해나갔다. 그러나 나는 물에 대한 두려움과 운동신경이 부족한 탓인지 진전이 없었다.

한 달이 넘도록 수영장 벽을 잡고 물에 뜨는 연습만 했다. 벽에서 손만 떼면 꼬르륵 물을 먹었다. '역시 나는 안 되는 걸까?' 진도가 나가지 않자 포기하고 싶은 생각이 들었다. 그러나 물러설 수 없었다. 노력하면 할 수 있다는 신념을 접고 싶지 않았다. 스스로의 마음을 다독였다. 수영의 이론부터 공부해 보기로 방향을 바꾸었다. 책을 구입하여 읽으며 나만의 문제점 해결에 집중했다. 원리와 문제를 파악하고 나니 느낌이 왔다. 주말을 이용해 물에 뜨는 법을 터득했다. 더불어 그동안 물에 뜨지는 못했어도 물에 서서 자유형 팔 젓기 연습을 했던 효과가 있었다. 처음으로 25m 거리를 나아갔다. 운동이든 업무든 이론에 근거를 두고 해법을 찾아 실행하면 불가능도 가능해진다는 것을 깨우쳤다. 그 후 5년간 하루도 빠지지 않고 나는 수영을 즐겼다. 자유형, 배영, 평영, 접영의 고급수준까지 마스터했다. 안 된다는 생각을 버리고 끝까지 도전하였기에 수영의 즐거움을 누릴 수 있었다.

지렁이는 땅이 건조하면 땅속 깊이 들어간다. 그러나 비가 내리면 신속하게 밖으로 기어 나온다. 비를 좋아해서가 아니라 굴이 물에 잠기면 숨이 막혀 죽기 때문이다. 나오는 타이밍도 중요하다. 비가 오기 시작하면 이미 늦는다. 소나기처럼 갑자기 내리는 비는 지렁이가 밖으로 나오기 전에 굴을 덮친다. 지렁이는 빗방울이 땅을 때리는 진동을 감지하자마자 땅위로 올라오는 법을 터득했다.

그러나 기는 놈 위에 나는 놈이 있다. 지렁이의 패턴을 오랜 세월 관찰해 온 도요새는 어느 순간 지렁이의 패턴을 읽었다. 비가 오지 않는 날에도 부리로 땅을 두들겨 소나기가 땅을 내리치는 듯한 진동을 만들어 낸다. 이를 위해 발바닥은 진동에 민감하게 진화되었다. 부리로 낸 진동이 진짜 비와 같은지 자신이 실험하기 위한 것이다.

발바닥만 아니라 부리와 눈 사이에 귀가 있다. 사람 같으면 코가 있어야 할 자리에 귀가 있다. 지렁이를 먹기 위해 땅속의 작은 움직임까지 포착하려는 결과가 만든 것이다. 만약 비가 오지 않으면 지렁이를 잡을 수 없다며 대책 없이 수수방관했다면 도요새는 멸종위기에 처했을지도 모른다. 불가능을 가능으로 바꾼 도요새의 도전은 직장인에게도 꼭 필요한 처방전이다.

내가 설비투자와 개조개선 업무를 맡고 있을 때였다. 신제품의 입고 공정에서 수율이 나오지 않는 문제가 지속되었다. 스마트 칩을 플라스틱 패키지에 부착하는 공정이었다. 설비를 개발한 담당자도 해결책이 없었다. 품질회의가 한참이던 어느 날, 심각한 분위기에 발등에 불이 떨어질까 두려워 모두가 말을 아끼고 있었다. 그 때 갑자기 설비 개발을 다시 해보라는 팀장님의 지시가 나에게 내려왔다. 설비 개발 경험이 없었던 나는 답변을 못하고 잠시 심호흡을 했다. 그리고 '할 수 있다'고 나에게 속삭이며 3개월의 납기를 요청했다.

낮에는 주어진 본연의 업무를 처리하고 밤에는 설비 개발을 위한 분석에 들어갔다. 기존에 개발 실패한 설비의 구조분석을 통해 원인을 찾아 나갔다. 인터넷에 유사설비를 찾아보니 독일에 있었다. 설비 1대당 한화 5억 원으로 생산성은 30초당 1개였다. 가격도 비싸지만 생산성은 심각하게 낮았다. 그동안 설비 유지보수 및 개조개선 경험밖에 없었던 나는 여러 종류의 설비구조를 모두 벤치마킹했다. 유사한 기능의 설비를 참고하기 위해서였다. 3개월의 기한과 3천만 원의 투자비가 주어졌다.

　나는 '작전명, 33비밀작전!'으로 프로젝트에 의미를 부여하고 특수 공작원이라도 된 듯이 혼자 즐거워했다. 공작 지령은 '이번 달 말일, 새벽 동이 트기 전까지 기초도면을 완성해야 한다.'고 하달했다. 그리고 개발에 집중한 결과 1개월 만에 제작 도면을 완성했다. 공작원 첫 번째 임무의 완수였다. 도면 전문가에게 스케치를 전달하여 정밀한 CAD 작업으로 완성하였다. 그리고 가공업체가 선정되어 제작에 들어갔다. 납기일 대비 제작 진도율을 매일 점검했다. 3개월 만에 설비가 완성되었고 샘플 시료를 투입한 결과 만족한 결과를 얻었다. 생산성은 독일 설비에 비해 16배의 성능을 발휘했다. 30초당 16개를 만들어 냈기 때문이다. 좌우 서랍식을 채택하여 대기로스 타임도 줄였다. 좌측 작업이 끝남과 동시에 우측 작업이 가동되도록 설계했기 때문이다. 수율은 99.99%로 완벽에 가까웠다. '성공적인 33작전 수행완료.' 나는 이때의 성과를 인정받아 승진의 발판을 만들었다. 추가 설비를 발주하고 특허등록까지 마쳤다. 안 된다는 생각을 버리고 도전하면 불가능은 없다. 긍정과 자신감으로 무장하면 두려울 것이 없다. 진짜 두려운 것은 안 된다는 생각으로 도전조차 하지 않을 때다.

04
근태관리는
기본 평가 잣대이다

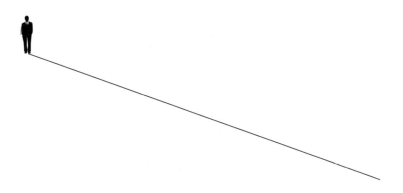

"김 대리, 잠깐 좀 나 좀 봅시다."

"네, 부장님."

"오늘 왜 늦었어?"

"네, 사실 어제 새벽에 퇴근해서···."

"나도 왕년에 새벽에 퇴근한 적이 많지만, 지각은 한 번도 하지 않았어."

"죄송합니다. 앞으로는 절대 지각하지 않겠습니다."

"사유서 제출하고 재차 이런 일이 생기면 각오해야 될 거야."

회사는 팀원 모두가 유기적으로 연결되어 운영된다. 자신이 다니는 회사의 근태관리 규정이 상식을 벗어난 수준이 아니라면 반드시 준수해야 한다. 전날 밤늦게까지 근무한 사유로 '어쩌다 한 번 지각인데 봐줄 수 있는 것 아닌가?'라는 억울함이 들 수도 있다. 그러나 한 번이 두 번 되고 세 번 되면 결국 습관으로 이어진다. 어떤 사원은 지각에 대한 사유를 물어보면 "교통사고가 있었는지 오늘 따라 차가 많이 밀렸습니다."라는 뻔뻔한 변명을 한다. 물론 진짜일 때도 있겠지만 직장인 거짓말 1순위라는 것을 상사는 경험으로 알고 있다.

지각에 신뢰까지 잃지 않으려면 정직해야 한다. 한 번쯤은 눈감아 줄 수 있을지 몰라도 두 번은 통하지 않는다. 한 회사에서 장기근속을 하며 인정받는 사람은 지각이나 결근이 없다. <u>지각과 결근의 반복은 하위평가를 받는 주요 원인이다. 하위평가는 회사의 구조조정이 절실한 시기에 맞물리면 퇴직의 결과로 연결되기도 한다.</u> 회사 생활을 하다 보면 피치 못할 사정으로 결근을 해야 할 때가 생길 수 있다. 이때는 상사에게 직접 보고하고 양해를 구해야 한다.

직장에서는 매년 구성원에 대해 상대평가 제도를 실시한다. 그러나 업무성과는 개인별로 딱 떨어지게 구별해 내기 어려울 때가 많다. 한 사람의 힘으로 회사의 높은 성과가 나오는 것이 아니기 때문이다. 결과적으로 성과의 기여도나 역량은 모두가 비슷한 수준으로 나오게 된다. 업무실적 비교에서 크게 빈약한 경우를 제외하고 볼 때 그렇다. 종합적인 목표달성의 성과는 조직원이 함께 만들어 내는 결과물이기 때문이다. 이때 평가를 결정짓는 요소가 근태이다. 유능한 사람이라도 근태가 불량하면 인정받지 못한다. 회사는 실력 있는 사람만이 인정받는 곳이 아니다. 입사 면접 때 가장 먼저 보는 부분이 학생기록부의 출결사항이다. 지각, 조퇴, 결석 사유의 타당성 여부를 확인한다. 학생 때 출결 습관이 회사에 그대로 반영된다고 보기 때문이다.

근태관리의 첫째는 출퇴근이다. 성실함을 보여주는 척도이기 때문이다. 성실함은 모든 조직에서 기본으로 삼고 있다. 다른 사람과 다르게 30분 먼저 출근하고 30분 늦게 퇴근하는 방법이 좋다. 남보다 조금만 더 노력하면 상사에게 괜찮은 사원으로 눈도장을 찍을 수 있다. 그러나 이런 기본을 무너뜨리게 만드는 상황이 회사 생활 중에는 종종 일어난다. 나의 약점은 술이 약하다는 것이다. 소주 몇 잔에 정신을 놓아 버리는 것이다. 그런 연유로 부서 회식이 있는 날이면 곤혹을 치르곤 했다. 저녁식사 중에 이미 주량을 넘긴 상태라 귀가를 서두르나 꼭 붙들고 늘어지는 동료가 있다.

"딱 한잔만 더하자. 맥주 500CC 한 잔 오케이?"
"그래, 입가심은 하고 가야지. 내가 살게."
"맞아, 끝까지 함께해야지. 먼저 가면 배신이야."

그렇게 동료들이 이끄는 소맷자락을 뿌리치지 못하여 만취로 이어지곤 했다. 귀가해서는 토하기도 하고 씻지도 못한 채 잠들었다. 심각한 문제는 다음 날 아침에 알람소리를 듣고도 일어나기 힘든 것이다. 아침 출근은 겨우 세이프였다. 당연히 하루 업무는 엉망이 된다. 이후 과음을 피하기 위한 나만의 원칙을 만들었다. 소주 3잔의 주량을 절대 넘기지 않는 것이다. 적절한 음주는 건강한 직장 생활로 연결된다. 지각이나 결근은 상사의 눈 밖에 나는 지름길이다. 일찍 자면 숙면을 취하여 일찍 일어나게 되고 출근이 여유로워진다. 든든한 아침식사까지 챙기면 하루가 즐겁다.

둘째는 근무시간 관리이다. 일부 사람은 이어폰을 낀 채로 일을 한다. 전화를 주고받기 위해 끼었다면 문제가 아니다. 음악을 듣거나 라디오를 듣는다. 업무시간을 개인적인 인터넷 서핑이나 동료와 노닥거리며 대부분 보낸다. 그리고 남들이 퇴근할 때가 되어서야 본격적으로 일을 시작한다. 잔업으로 성실함을 호소하는 유형이다. 그러나 상사는 산전수전 다 겪은 베테랑이다. 일일이 보지 않아도 귀신처럼 알고 있다. 물론 일을 하다 보면 잠시 메시지 확인이나 인터넷을 보는 외도를 할 수는 있다. 지친 마음에 잠시 위로는 괜찮지만 개인적인 시간으로 착각하면 곤란하다. 이런 행동은 회사와의 계약 위반이다. 상사가 볼 때 제대로 일을 하는지 의문이 들게 한다. 직장 수명을 대폭 단축시키는 공식은 다음과 같다.

부정적 마인드 + 근태 불량 + 과제 지연 = 직장수명 단축

근무시간은 회사의 자원이다. 동료들과 활기찬 티타임과 더불어 창의적인 업무 토론을 하는 것은 좋다. 그러나 개인적인 시간으로 소모하면 회사의 관심을 한 몸에 받는다. 회사로서는 돈이 새고 있다는 인식이 든다. 회사는 철저하게 근무시간을 돈으로 환산한다. 당신과 계약된 연봉을 토대로 주말을 제외한 1년으로 나눈다. 그리고 하루 근무인 8시간으로 나누면 시간당 급여가 산출된다. 누구에게 잘 보이려고 일을 하는 것이 아니다. 양심을 팔지 말고 성실함으로 승부하여 성과를 팔아야 한다. 주어진 일은 업무시간에 깔끔하게 끝내고 퇴근하는 습관을 만든다. 꼭 필요한 업무가 남으면 잔업으로 마무리한다. OECD 국가들 중에 독일의 근로시간이 가장 짧다. 그러나 근로 강도를 눈여겨보면 우리와 다르다. 그들은 근무시간을 사적인 일로 낭비하지 않는다. 몰입해서 일하고 퇴근 후 개인시간을 즐긴다.

가을이면 1년간 땀 흘려 가꾼 곡식을 추수하는 농부처럼 직장인의 추수도 시작된다. 1년 성과에 대해 평가라는 체계를 통해 연봉이 결정된다. 묵묵히 일하면 알아서 챙겨줄 것이라 기대하던 그런 시대는 지났다. 스스로 실적을 정리하여 평가에 반영되도록 해야 하기 때문이다. 직장인은 프로선수들처럼 데이터와 연봉협상 에이전트가 있는 것이 아니다. 오로지 본인의 몫이다. 1년 동안의 업무계획에 따른 성과를 분석해서 수치화하고 효과로 정리한다. 본인이 제안하거나 지시받은 프로젝트 업무의 회사 기여도를 성과로 환산한다. 그리고 회사에서 원하는 직무능력 향상 결과를 보고하면 평가 및 연봉 결정에 반영된다.

평가는 직장수명을 결정짓는 주요 결과물이다. 내가 원하는 만큼 회사에 다니고자 한다면 평가에 목숨을 걸어야 할 정도다. 열심히 일하고 정리한 성과를 좋은 평가로 연결하려면 근태관리가 가장 우선이다. 본인의 능력이 아무리 뛰어나고 유능하다고 해도 근태가 불량하면 아웃이다. 평가 시기에는 특히 주의해야 한다. 단 한 번의 지각이 상사의 뇌리에 불량한 이미지로 각인될 수 있다. 근태관리는 연봉을 결정짓는 가장 중요한 포인트다.

05
성과를 끌어 내는
창의성을 배워라

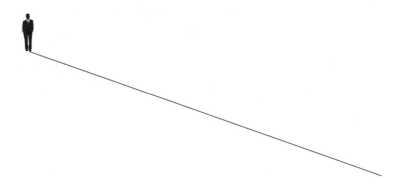

"뻥이요~, 자자 애들은 저만치 물러나 있어라. 오늘도 구경 왔구나?"

"네, 할아버지. 옥수수 알갱이의 변신이 너무 신기해서요."

"하하하! 그렇지. 나도 신기하단다. 조금 떨어져서 구경하렴."

"네, 할아버지."

"뻥이요~"

뻥~, 뻥튀기 기계 소리에 깜짝깜짝 놀라면서도 자리를 뜨지 않는 꼬맹이들에게 마음 좋은 할아버지는 강냉이를 한 주먹씩 쥐어 주시곤 했다. 어린 시절 내 눈에 뻥튀기 기계는 대단한 물건이었다. 작은 것을 크게 만드는 요술 상자였다. 그 신기했던 경험은 아직도 눈에 선하다. 직장에서의 성과도 뻥튀기 기계처럼 요술을 부려야 한다. 적은 투자비로 큰 성과를 내야 한다. 성과를 내려면 요술 상자를 만들 수 있는 창의성을 키워야 한다. 그렇다면 창의성은 어떻게 만들어지는 것일까?

첫째, 내가 맡은 업무에서 효율성을 저해하는 문제를 찾아 낸다. 문제의 정의를 내린 후 어떻게 해결하는 것이 좋은지 고민해 본다. 창의적인 아이디어의 연습을 위해 기존에 나와 있는 수많은 우수 사례를 참조한다. 가깝게는 선배들이 기존 업무에 적용한 아이디어 사례를 찾아서 본다. 창의력 발상을 도와주는 서적을 읽고 기본기를 만든다. 창의성은 특허 창출 아이디어 방법과 같다. <u>모든 아이디어는 '기존의 정보에 더하기(+), 빼기(-), 곱하기(×), 나누기(÷)'를 반영한다. 다시 말해 '혼합형(+, ×)과 압축형(-, ÷)'으로 생각하면 모든 아이디어는 새롭게 태어난다.</u>

둘째, 창의력은 모방에서 시작된다. 모방을 우습게 봐선 안 된다. 모방의 완성도가 높아질 때 자신의 지식이 더해져 창조적 아이디어가 탄생한다.

셋째, 실행되지 않은 아이디어는 무용지물이다. 숱한 사람들이 새로운 아이디어를 내지만 실천하는 사람은 소수에 불과하다. 실행을 통한 완성만이 아이디어의 가치를 빛낸다.

나는 업무일과가 끝나면 자기계발에 몰입했다. 회사에서 생산되는 제품과 공정 습득을 위해 사내 대학에 다녔다. 휴가 때면 연구소 도서실에서 제안과 특허공부를 했다. 획기적인 혁신제안을 구현한 현장이 있다는 소문을 들으면 즉시 벤치마킹했다. 영어와 일본어로 된 설비 매뉴얼을 자유롭게 읽고자 어학원을 다녔다.

여행 비수기를 이용해 일본으로 나 홀로 배낭여행을 떠났다. 주 목적은 언어능력 향상이었다. 도쿄와 나고야 거리의 상점을 둘러보고 신칸센을 접했다. 당시 우리나라에는 KTX 고속열차가 생기기 전이라 신칸센의 빠른 속도에 감탄했었다. 그로부터 1년 뒤 업무 관계로 일본 출장의 기회가 왔다. 그 동안의 노력이 빛을 발할 기회였다. 동행은 없었지만 앞선 노력이 있었기에 두려움은 없었다.

첫 출장은 회사에서 발주하여 제작한 설비의 검수였다. 문제가 있으면 현지에서 해결하는 것이 임무였다. 10일 일정의 출장 동안 창의성을 배우고자 공부했던 모든 노하우를 동원했다. 설비를 임의동작 시키며 100여 개의 경중 문제점을 찾아냈다. 간단한 예로 설비의 모든 나사를 하나씩 풀어서 길이와 색깔도 일관성이 없으면 교체를 요구했다. 같은 부위에 고정된 나사의 길이가 서로 다른 경우에 하중을 버티는 힘이 달라진다. 사소한 것처럼 보이지만 장시간 사용하면 중대 결함의 원인이 된다. 그렇게 첫 출장의 설비검수 건은 성공적으로 마무리되었다.

두 번째 출장은 일본의 도요타 자동차 연수과정이었다. 이 때 도요타그룹의 창업자인 도요타 사키치 회장이 최초로 고안해서 적용한 왜왜 분석기법인 5Whys를 배울 수 있었다. 생산설비의 고장재발을 방지하는 방법이다. 어떤 문제든지 '왜?'라는 질문을 5회 반복하면 원인과 대책을 찾을 수 있다는 것이다. 나고야 QS 연구회에서 나온 《설비관리》 저서에서는 왜왜 분석에 대해 다음과 같이 말한다.

첫 번째 왜에서는 언제, 어디서, 무엇이, 어떻게, 왜 일어났는지 분명하게 한다. 여기에서는 고장을 일으킨 원인을 물리적·과학적으로 나타내면 좋다.

두 번째 왜에서는 물리적·과학적으로 영향을 미치는 원인이 왜 발생한 것인가를 명확하게 한다. 원리 원칙에 따라서 검토한다.

세 번째 왜에서는 왜 그런 영향을 미치는 일이 일어났는가? 구조나 프로세스 측면에서 검토한다.

네 번째 왜에서는 구조나 프로세스 혹은 물리적이고 과학적인 영향이 연쇄적으로 반복되는지를 검토한다.

다섯 번째 왜에서는 네 번째의 왜를 반복하고 사람이 문제인 경우는 그 전 단계에서 종료한다. 이후의 왜에서는 사람에 기인하는 원인에 이르기까지 왜를 반복하고, 근본 원인을 찾는다.

다음은 승진에서 떨어진 사례를 분석해 본 것이다.

첫째, 왜 승진에서 떨어졌는가? 연간 평가에서 상위평가를 받지 못했다.

둘째, 왜 상위평가를 받지 못했는가? 업무실적이 동료들에 비해 낮았다.

셋째, 왜 업무실적이 낮았는가? 업무완성 납기를 지키지 못했다.

넷째, 왜 납기를 지키지 못하게 되었는가? 업무지식 부족으로 방향을 잘못 잡았다.

다섯째, 왜 업무에 대한 지식이 부족한가? 평소 업무 스터디에 소홀했다. 취미활동에 더 몰입했다.

문제의 최종원인은 업무를 배우는 데 소홀했던 것이다. 물론 추가적인 "왜?"를 통해 취미활동에 더 몰입했던 이유를 살펴보면 깊이 분석할 수 있다. 현재 맡고 있는 업무가 적성에 맞지 않을 수도 있기 때문이다. 그렇지만 5Whys 분석은 경제성을 고려하여 여기까지만 진행한다.

모든 설비에는 설비 상태를 한눈에 파악할 수 있는 삼색등이 설비 위에 설치되어 있다. 고장을 알리는 빨간색과 생산제품 투입이 없다는 노란색이 있다. 가동 중이면 파란색이 켜진다. 설비의 상태를 한눈에 보도록 설계된 것이다. 문제는 설비 대수가 많아지면 삼색등이 일렬로 겹쳐 보여서 구분이 어렵다. 왜 삼색등은 수직으로만 설치되어 있을까? 수평으로 눕히면 대수가 늘어도 돌출되어 잘 보일 수 있는데? 현장 작업자 설문조사 결과 늪히는 쪽에 대찬성이었다.

삼색등과 관련하여 더 고민해 보자. 삼색등 전구가 아웃되면 교체가 필요하여 설비를 정지시켜야 한다. 이것을 반영구적인 수명을 가진 LED전구로 바꾸면 전구 고장은 말끔히 해결된다. 전기료도 아낄 수 있다.

우리의 몸은 20세가 되면 늙기 시작하지만 뇌는 65세까지 발달된다고 한다. 꾸준한 자기계발을 통해 잠재능력을 1%만 개발해 보자. 창의성은 천재에게서 나오는 것이 아니다. 관련 서적을 탐독하고 끊임없는 상상의 나래를 열어 고정관념에서 벗어나면 된다. 치열한 경쟁에서 살아남는 방법은 창의적인 인재로 성장하는 것이 답이다. 하루아침에 창의적인 인재로 거듭날 수는 없다. 어학공부를 할 때도 하루도 빠짐없이 노력해야 누적된 실력이 점프하여 외국인과 대화가 통한다. 언어에 감정까지 전달하려면 그 나라의 문화도 배워야 한다. 창의성을 갖추기 위한 조건도 마찬가지다. 다양한 영역의 지식과 정보를 습득하고 의식적으로 다르게 보고자 노력해야 한다. 성과를 만드는 창의적인 시각은 '+, -, ×, ÷' 로 가감의 세상을 바라보는 눈이다.

06
끌려가는 사원
vs 스스로 성장하는 인재

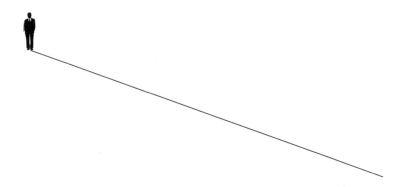

몇 마리의 레밍이 무작정 뛰기 시작했다. 그러자 주변의 수많은 레밍들은 영문도 모르고 같이 뛰었다. 다른 레밍들이 뛰니까 그냥 같이 뛰었다. 그렇게 모인 수천 마리가 함께 뛰었다. 절벽을 만나자 멈출 수가 없어서 모두 아래로 떨어졌다. 이처럼 무작정 다수를 따라가는 것을 '레밍효과'라 한다. 스칸디나비아 반도의 북구와 중부에 사는 레밍이라는 쥐 과의 설치류 이야기다. 직장인 스토리와도 크게 다르지 않다. 보통 주위의 누군가가 다른 길을 가려고 하면 "너의 꿈은 비현실적이야! 지금은 업무 스펙을 더 쌓아야 할 시기야."라고 말한다. 그렇게 너도 나도 같은 길을 고수하며 달린다. 남과 다른 삶이나 길은 잘못된 것이라는 인식을 끝까지 함께하면서 말이다. 그러나 그

끝에 다다르면 단체로 절벽 아래로 뛰어드는 레밍의 이야기가 당신을 기다릴지 모른다.

　잠자리에 들기 전에 오늘을 진단해 보면 어떨까? 계획하고 희망한대로 보냈는지 돌아보는 것이다. 무의미하게 인터넷 뉴스를 뒤적이거나 불필요한 논쟁으로 에너지를 소모해 버리지 않았는지? 불필요한 일에 시간을 소비했다면 자신의 인생이 아닌 끌려가는 인생을 사는 것이다. 상사가 시키는 일만 했다면 그 또한 끌려가는 하루를 산 것이다. 나는 신입사원 시절에 이리저리 불려 다니며 열심히 일했지만 성과가 없었다. 이런 시간이 지속되자 직장 생활에 염증이 생겼다. 회사 정문을 나서면 회사일은 몽땅 잊어버리자는 안일한 생각에도 빠졌었다. '대충하자.'는 생각으로 다람쥐 쳇바퀴 돌듯 짧지 않은 날들을 허비했다.

　그러나 문득 남과 달라야 성장할 수 있다는 생각이 들었다. 우선 맡고 있는 업무 분야의 실력을 키우는 데 노력하기로 했다. 상사에게 인정받고 승진만 하자는 것이 아니다. 내 삶의 주인이 되고자 했다. 아침에 출근하면 스스로 업무 리스트의 우선순위를 정하고 실행했다. 커피 한 잔에 노닥거리던 시간을 줄였다. 끌려가는 인생에서 벗어나 주인이 되는 참 인생을 그렸다. 스스로 성장하는 인재는 주인의식이 강하다. '주인의식'은 적극적이고 능동적인 삶이다. 주인의식이 없으면 주어진 업무만 하게 되어 몇 년이 지나도 시키는 일만 잘하는 사람으로 남는다. 그렇다고 회사에서 밤낮없이 일하며 충성을 하라는 의미는 아니다. 근무시간에는 알차게 일하고 퇴근 후 자신을 성장시키는 삶을 누리는 것이다.

직장 업무는 하루하루의 시간을 적절히 분배하여 사용하지 않으면 건강에 무리가 올 수도 있다. 젊은 시절에는 무리를 하더라도 바로 회복되는 것처럼 느껴져 무관심하게 지나치는 것이 건강이다. 그러나 30대 후반이나 40대에 들어서면 젊은 시절에 관리하지 않았던 건강상의 문제가 드러난다. 건강은 건강할 때 지켜야 지켜진다. 잠이 보약이다. 하루 몇 시간을 자는 것이 좋을까? 나는 밤 11시에 잠자리에 들고 아침 5시에 기상한다. 수면은 에너지 충전의 시간이자 건강한 삶의 원천이다.

스스로 성장하는 인재는 다른 사람의 단점보다 장점을 찾아내는 능력을 키운다. 장점만을 모아서 자신의 것으로 만들어 가는 것이다. 그리고 회사의 일과 나의 발전에 연결고리를 만든다. 꿈꾸는 삶을 살아 가고자 비전과 계획을 일치시킨다. 타인에게 피해를 주지 않으며 자신의 삶을 경영하는 주인으로 산다. 새로운 업무를 스스로 창조하고 발굴해 낸다. 물론 창조는 어려운 일이다. 우선 몸담고 있는 조직에서 작은 일이라도 스스로 만들어 본다. 그리고 내가 리더라는 마음으로 실행에 옮긴다. 리더는 두려움을 이겨내고 먼저 행동하는 사람이다. 남극의 펭귄은 먹이를 구하기 위해 어쩔 수 없이 바다에 뛰어들어야 한다. 그러나 천적인 물개가 두려워 머뭇거린다. 이때 가장 먼저 바다에 뛰어드는 펭귄을 '퍼스트 펭귄'이라고 한다. 퍼스트 펭귄의 리더십은 다른 수십만 마리의 펭귄들도 바다에 뛰어들 용기를 준다.

스스로 성장하는 인재는 한 곳에 안주하지 않는다. 여러 업무를 경험하여 회사 전반에 대한 전문가로 성장하고자 한다. 다양한 경험은 전체의 흐름을 고려한 업무추진이 가능하여 최적화된 성과를 만든다. 자신감이 충만하여 업무속도 및 완성도는 더 높아진다.

나는 직장에서 3년 내지 5년 단위로 다른 부서로 이동하여 근무하기를 희망했다. 한 부서에서 동일한 업무에 오래도록 전념하면 숙련도는 좋아지지만 보는 시야에 고정관념이 생겨서다. 고정관념을 타파하는 방법으로 부서 이동 기회가 오면 즉시 손을 들었다. 물론 부서를 이동하면 업무 적응 문제로 2개월은 고생할 각오를 해야 한다. 그러나 업무습득 기간이 지나면 성과로 연결할 수많은 아이디어가 튕겨 나온다. 직무에 대한 다양한 경험이 추월차선을 타고 숙련가에서 전문가로 올라서는 지름길이 된다.

인간에게 치명적 약점인 '아킬레스건'은 그리스 신화에 나오는 명장 아킬레우스에서 유래되었다. 그는 여신 테티스와 인간 펠레우스 사이에서 태어났다. 그의 유일한 약점은 발뒤꿈치였다. 그가 갓난아기였을 때 어머니인 테티스가 아들을 불사신으로 만들기 위해 스틱스 강에 담그면서 붙잡은 곳이 발뒤꿈치였기 때문이다. 결국 그는 전쟁 중에 강물에 닿지 않아 유일한 급소였던 그 곳에 화살을 맞아 죽게 된다.

　업무를 할 때도 급소를 찾아서 해야 한다. 왜 이 일을 해야 하는지 모르고 하면 지루하고 어려워진다. '무엇을, 왜, 어떻게' 해야 하는지 명쾌한 정의를 내리고 일의 급소를 찾아내는 노력이 요구된다. 일의 급소를 찾고 나면 업무추진은 급물살을 탄다.

　"요즘 뭐하냐?"

　"힙합을 배우는 중이야."

　"뭐? 하하하, 나이도 많은데 웃기는 친구네. 허리는 돌아가나?"

　"하다 보면 언젠가는 되겠지. 자네는 배우는 거 없나?"

　"나야 뭐, 중국어 공부 중인데 일이 많아서 제자리걸음이야."

　나는 무엇을 배우든 빠르게 습득하고 싶었다. 그 방법으로 오른쪽 뇌를 활성화하기로 했다. 그래서 힙합 수련에 몸을 맡겼다. 특정 재능을 가지기 위해 노력하면 그것과 관련된 뇌의 영역이 발달하기 때문이다. 원하는 것에 집중하고 노력하면 삶의 주인이 되어 바라는 대로 살게 된다. 스스로 성장하는 인재는 시야를 넓게 보며 상대방의 입장에서 배려한다. 어떤 이유로도 남을 미워하지 않으며 실패를 두려워하지 않는다. 남이 가진 지식이나 재산을 동경하지 않는다. 그들과 경쟁을 통해 얻고자 하지도 않는다. 자신만의 창조적 활동과 자기계발을 통해 성장해 가고자 한다. 남과 다른 생각을 가지고 원하는 삶을 찾아서 묵묵히 나아간다. 자기계발에 거침없이 투자한다.

나는 자기계발 비용에 대해서는 아낌없이 투자한다. 지금까지 새로운 것에 대한 관심도 많았다. 수업료가 없으면 대출을 받았다. 새로운 전문지식의 탐독에 공을 들이고 창업 기술을 익혔다. 스트레스 해소에 만점인 난타를 배웠다. 마케팅의 매력에 빠지기도 했으며 웃음치료사와 펀 리더십, 사회복지사 등의 각종 자격증을 취득했다. 내 삶을 풍성하고 행복하게 만들어 주는 자기계발은 지금도 진행형이다. 겨울이 끝날 무렵인 입춘이면 수많은 생명들이 땅 속에서 기지개를 켠다. 하고 싶은 일이 있다면 멈칫거리지 말고 당장 밀고 나가라. 즐거움과 설렘이 당신의 일상을 송두리째 바꾸어 놓을 것이다.

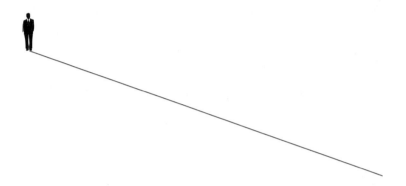

07
일만 잘하는 사원
vs 일도 잘하는 사원

"왜 이렇게 풀이 죽었어? 일 잘하는 인재가 말이야."

"몇 년째 시키는 일만 하다 보니 나를 잃어버린 것 같아. 힘들고 지치네."

의외의 말이었다. 부서 내에서 가장 열정적으로 일하는 그였기 때문이었다. 그는 상사가 구체적으로 시키는 일에 대해서 혀를 내두를 정도로 완벽하게 처리해 내는 능력자였다. 납기가 주어지면 밤을 새워서라도 완성해 내는 성격이다. 일을 잘한다고 상사로부터 칭찬이 자자했다. 그러나 새로운 업무항목을 발굴하여 추진하는 것을 본 적은 없었다. 전략업무 수립 시 창의적인 아이디어를 요구하면 입을 다물곤 했다. 상사가 시키는 일만 줄곧 외줄타기를 하듯이 해오다 보니 스스로 할 수 있는 일이 없었다. 한마디로 일만 잘하는 사원으로 지내온 것이다.

일도 잘하는 사원이 되려면 스스로 찾아서 하는 일류가 되어야 한다. "1등만 기억하는 더러운 세상!" 예전 개그 프로 소재로 나왔던 말이다. 나는 그 말에 동감이 간다. 1969년 7월 20일 닐 암스트롱은 인류 최초로 달에 인간의 발자국을 남겼다. 그리고 잠시 후 에드윈 볼드린 2세가 두 번째로 달에 인간의 발자국을 남겼다. 그러나 두 번째로 달에 발자국을 남긴 그를 아는 사람은 드물다. 인류 최초로 달에 발을 내디딘 암스트롱만이 기억된다. 1등의 혜택은 그만큼 사람들의 뇌리에 오래도록 남는다. 1등만 기억되는 것이다. 입사 후 계획 없이 시간을 보내는 것은 인생을 낭비하는 것이다. 일도 잘하기 위한 10가지 방법은 다음과 같다.

첫째, 상사의 업무 지시는 노트에 철저하게 기록한다.

둘째, 업무 진행 상황에 대해 중간보고를 잊지 않는다. 필요 시 상사의 코칭도 함께 구한다.

셋째, 문제가 발생하면 숨김없이 빠르게 보고한다.

넷째, 일처리의 중요성과 긴급성을 잘 판단하여 처리한다.

다섯째, 일의 납기를 철저히 지킨다.

여섯째, 문제에 대한 새로운 대안 제시와 결론을 빠르게 낸다.

일곱째, 새롭게 추진되는 어떤 일도 두려워하지 않고 실행한다.

여덟째, 원활한 대인관계를 유지한다.

아홉째, 적극적인 메모활용을 통해 업무와 시간을 효율적으로 관리한다.

열째, 동료 선후배와의 소통 노력을 게을리하지 않는다.

일도 잘하는 사람이 되려면 양적으로도 많이 해야 한다. '양질전환의 법칙'이다. 기본기를 튼튼하게 하려면 많이 접하고 많이 배워야 한다는 의미다. 어떤 분야에서든지 양적인 팽창이 있어야 질적인 도약을 추구할 수 있다. 물을 끓일 때 99도까지는 액체 상태 그대로 질적 변화가 없다. 그러나 100도가 되면 액체에서 기체로 변신한다. 일에서도 마찬가지다. 일한 시간의 양이 채워져야 효율적 업무실행과 시간관리가 가능한 경험이 축적된다. 직접 일을 하면서 자료를 분석하고 찾는 데 공들인 시간이 잠재 능력으로 쌓이기 때문이다.

학생 때의 전공과 달리 직장에서는 전공과 무관한 업무를 맡을 수 있다. 그리고 직장에서는 전공에 대해 집착할 필요도 없다. 운이 좋아서 전공과 같은 업무를 맡았다고 해도 활용 정도는 1년 이하다. 길게 가려면 어떤 일을 맡든지 폭넓게 배워야 한다. 지금은 자고 나면 세상이 변한다. 그만큼 기술의 발전이 빠르다. 그래서 어떤 전공이나 기술도 배운 지 1년 내에 활용가치가 급락한다. 새로운 지식을 쌓기 위해 노력하지 않으면 살아남기 어렵다. 주 5일 근무제가 시작된 지

많은 해가 흘렀다. 그러나 아직도 주말 출근과 잔업을 통해 밀린 업무를 마무리하는 직장인이 대부분이다. 업무를 효율적으로 더 빠르게 처리하는 방법을 찾아서 접목해야 한다. 물론 빠른 업무처리 후에는 추가적인 업무가 부여되기도 할 것이다. 다음은 상사에게 프로젝트 업무를 지시 받았을 때 풀어 가는 방법이다.

첫째, 프로젝트 목표와 방향을 명확히 잡는다. 소요예산 및 예상되는 성과를 분석하여 숫자로 기록한다.

둘째, 프로젝트 범위를 설정한다. 업무를 분장해서 처리해야 한다면 함께할 부서나 담당자를 명시하도록 한다.

셋째, 분장된 업무를 상세하게 쪼개어 주간관리 일정 로드맵을 만든다. 로드맵에는 세부항목과 납기를 기록하고 실무 담당자를 적는다.

넷째, 주간 정기회의체를 셋업 한다. 정기회의체에는 매주 동일한 요일, 시간, 장소, 참석 대상을 확정해 둔다. 매주 정기회의가 누락되지 않도록 한다.

다섯째, 회의에서는 공유할 내용, 추진 문제점, 업무 계획대비 실적을 점검한다. 그리고 회의록은 회의 시마다 작성하여 상사와 참석자 모두에게 공유한다.

꿈을 놓치지 않고 끝까지 달리는 사람이라면 반드시 그 꿈에 도착한다.

어린 시절 공상과학 소설과 만화에 빠져 소설가가 되고자 했다. 성인이 되어서는 저예산영화를 찍기 위해 트럭운전수를 했다. 온갖 잡일을 하면서 서른이 넘어 작은 영화사에 취직했다. 그의 꿈은 영화감독이었다. 이력서에 단 한 줄도 제대로 적을 것이 없었던 그였다. 그런 그가 만들어낸 영화의 흥행수익은 대박이었다. <터미네이터>, <에이리언>, <타이타닉>, <아바타> 등의 작품이었다. 그는 지구상 최고의 감독이라는 호칭을 갖게 되었고 삼류에서 일류로 올라섰다. 변변한 일자리 하나 없었고 남들에게 어떤 기대도 받지 못했던 그는 제임스 캐머런이다.

일도 잘하는 사원은 새로운 업무로 추진할 만한 좋은 아이디어를 도출하고자 끊임없이 노력한다. 노력의 결과로 실효성 있는 아이디어가 나오면 먼저 상사에게 보고를 하고 허락을 받는다. 조직의 업무목표와 연관되어 시너지를 발휘할 수 있는지가 중요하기 때문이다. 자신에게 필요한 인재육성 프로그램을 나름대로 정하고 교육과정에 들어가 원하는 지식을 성취한다. 창조하는 습관과 능력을 키워 나중에는 회사의 경영전략과 전술을 수립하는 위치에 오른다.

삼성전자 반도체 부문이 세계 1위로 도약한 이면에는 경영진의 빠른 판단과 투자가 있었다. 또한 직원들과 함께 쉬지 않고 연구하여 해결해 낸 기술, 원가, 생산성 혁신이 있었다. 세계 반도체 시장점유율 1등은 조직원 모두의 노력으로 유지되고 있는 것이다.

보석이라고 해서 다 같이 반짝이지 않는다. 신입사원이라고 다 같은 신입사원이 아니다. 미래가 빛나는 사람이 있는가 하면 존재 자체가 의심스러운 사람도 있다. 어느 쪽이 될지는 당신의 선택에 달려 있다. 성공한 사람들은 스펙이나 환경에 얽매이지 않았다. 긍정적인 마인드와 성실한 열정으로 승부를 냈다. 절대 무너지지 않는 끈기와 도전정신을 지녔다. 일도 잘하는 사원은 자신의 업무분야에서 1인자가 되려는 야무진 꿈을 꾼다.

<u>08</u>
아는 것이 힘이 아니라 행동하는 것이 힘이다

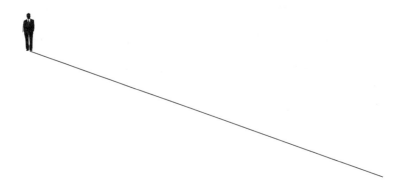

"일하다가 모르는 게 있으면 나를 찾아와. 이 방면에 내가 모르는 것은 없어."

"네, 선배님. 말씀만 들어도 힘이 납니다. 감사합니다."

일을 하다 보면 지식이 넘치는 선배를 만나기도 한다. 후배사원들에게 따끔한 업무적 충고를 아끼지 않는다. 제시되는 문제해결 방법은 한 치도 어긋남이 없어 보인다. 업무에 대해서 많은 공부를 하여 남보다 꽤 많은 지식을 보유하고 있다. 업무 중 발생되는 문제의 해결안을 여러모로 제시한다. 그런데 문제해결의 전면에는 절대 나서지 않았다. 나중에 알게 된 이유는 자신이 책임을 져야 하는 실패가 두려웠기 때문이었다. 선배의 말대로 일의 마무리가 잘되면 자신이 제시한 해결법으로 처리되었음을 강조하는 데 주력하곤 했다.

하지만 업무의 전면에 나서서 진두지휘를 하지 않으면 성과란 없다. 뒤에서만 지휘하는 선배의 말을 한결같은 존경심을 가지고 들어줄 후배도 점차 사라지게 된다. 직접 나서서 책임까지 질 줄 아는 선배가 되어야 후배들의 존경을 받는다. 아는 것이 힘이다. 알아야 행할 수 있다. 그러나 더 중요한 것은 행동으로 옮겨야 진정한 힘이 발휘된다.

직장인 대부분은 업무를 잘하기 위해 자기계발에 열을 올린다. 동기를 따라서 어학원에 등록하여 의지를 불태운다. 그러나 초반 의지와 달리 조금씩 자신에게 합당한 핑계를 대며 빠지기 시작한다. 이후 결국은 포기해 버린다. 목적이나 목표가 불분명하여 흥미를 잃었기 때문이다. 승진을 위해서인지 글로벌 역량을 키우고자 하는 것인지 목적이 분명해야 한다. 쉽게 말해 이성 친구에게 잘 보이기 위해서라도 좋다. 올해 안에 반드시 달성하고 싶다는 열정을 담은 목표여야 피곤에 지친 일과에서도 포기하지 않는다.

나는 회사 근거리에 집을 구한다는 원칙을 지키고 있다. 조금 떨어진 곳이라 해도 차로 10분 거리에 위치를 정한다. 출퇴근 시간도 벌고 자기계발에 조금이라도 더 시간을 투자하려는 간절한 마음 때문이다. 물론 출퇴근 시간대의 교통지옥을 벗어나는 것은 덤으로 주어진다.

"조만간 이놈의 회사 때려치우고 만다.

내가 여기 아니면 갈 곳이 없겠나?"

일을 하다 회사를 그만두고 싶을 정도로 극심한 스트레스를 받으면 터져 나온다. 동료나 상사에 대한 불만이 터진 것이다. 사실 누구나 한 번쯤은 해본 말이다. 하지만 실제로 회사를 나가는 것이 말처럼 쉽지는 않다. 가끔 혼잣말로 하면 속이 시원해진다. 그러나 입버릇처럼 말하면 어느 순간 현실이 될지 모른다. 한 평 남짓한 사무실 책상이 송두리째 사라질지 모른다. 만약 감정이 통제되지 않으면 가족을 떠올려 보길 바란다.

함께 일하던 동료가 갑자기 사직서를 내고 떠났다. 입사연차와 직급이 올라갈수록 어려워지는 업무 스트레스와 그로 인한 상사와의 트러블이 원인이었다. 직급 이상의 능력을 키워두지 않고 현실에 안주하면 누구에게나 닥칠 수 있는 일이다. 상사는 부하직원의 생사여탈권을 쥔 사람이다. 학교 선생님처럼 차분하게 알려 주고 이끌어 주며 돌봐주는 사람이 아니라는 점이다. 상사는 나의 고객이다. 상사는 신속한 보고와 연락을 중시한다. 또한 사교성이 좋으면서 일을 잘하는 부하사원에게 마음을 연다. 상사도 감정의 동물이기 때문이다.

입사 순간부터 동료와의 경쟁이 시작된다. 직장은 위로 올라갈수록 피라미드 구조이기 때문에 경쟁은 피할 수 없는 숙명이다. 그러나

서로 도와가며 일을 하는 직장에서 이기주의적 발상이나 독단적인 행동만 일삼으면 스스로를 망치는 결과를 만든다. 정정당당한 스포츠 결과를 보면 선수들은 이기든 지든 서로에게 경의를 표한다. 직장에서의 경쟁 또한 선의의 경쟁이어야 한다. '선의의 경쟁이란 자신과의 경쟁'을 하라는 뜻이다. 자신의 장점은 늘리고 단점은 줄여서 남다른 노력을 통해 성장하라는 의미이다.

동계 스포츠 가운데 짜릿한 스피드의 묘미를 안겨주는 쇼트트랙 스케이팅 시합이 있다. 나는 결승에 대거 출전한 우리나라 선수들끼리 선두권에서 다투다가 넘어질까 가슴을 졸이며 본 적이 있다. 그러나 그런 일은 거의 일어나지 않는다. 결승선이 다가오기 전까지 다른 나라 선수들이 앞쪽으로 나서지 못하도록 우리 선수들끼리 협업하여 봉쇄한다. 그러나 결승선에 다가서면 동료선수와도 경쟁을 벌인다. 골인 지점에 다다르면 한 발을 먼저 뻗어서 스케이트를 결승선에 통과 시키고자 끝까지 최선을 다한다. 메달권에 진입하지 못하면 아쉬움의 눈물을 흘리기도 한다. 그러나 결과에 승복하며 서로를 격려하는 모습을 보인다.

함께 일하고 싶은 사람은 "지금 바로 시작하지."라고 말한다. 반대의 사람은 "다음 주부터 시작하자."라고 제의하며 물러난다. 일을 하기로 했으면 결정된 업무에 대하여 그 자리에서 추진방향, 담당자, 일정을 정리하고 시작을 선포해야 한다. 함께 일하고 싶은 사람은 결정된 방향으로 즉시 행동하고자 하는 사람이다. 행동력이 있는 사람일수록 지식과 정보에 능숙하며 긍정적인 마인드를 지니고 있다.

변화하지 않는 기업이나 개인은 살아남지 못한다. 업무는 신속함이 최우선이다. 그럼에도 많은 사람들은 지난 실패에 연연하거나 미래에 대한 불안으로 행동에 자물쇠를 채워 버린다. 일의 착수에 나중은 없다. 지금 실행하지 않으면 필요 없는 일이 된다. 실패는 성공한 모든 사람들이 수 없이 겪었던 과정이다. 다른 점이 있다면 실패를 분석하고 발판으로 삼아서 멋진 점프를 했다는 것이다.

맡은 업무를 사무실에 앉아서 해결할 수 있는 슈퍼능력자는 어디에도 없다. 그러나 많은 사람들이 사무실에서만 머리를 싸매고 고민하는 상황을 연출한다. 모니터 화면과 눈싸움을 벌인다. 애꿎은 자판기만 두드렸다가 지우기를 반복한다. 해답을 얻으려면 현장의 온도를 피부로 느껴야 한다. 발로 뛰어서 얻는 것만큼 정직한 것은 없다. 현장의 동료와 애인처럼 소통하며 현장감을 익혀야 한다. 관계가 두텁지 않은 사람과 어떤 문제나 해답을 논할 수 있겠는가? 현장과 친해지면 문제와 답을 쉽게 구한다. 물론 설비를 이해하기 위한 기본적인 지식은 미리 갖춰 두어야 한다.

'나는 현장을 잘 알지! 반년 전까지도 현장에서 일했으니까.'

굳이 현장에 가보지 않아도 다 안다고 나는 생각했다. 모니터와 씨름하다 보면 해답을 구할 수 있을 거라 생각했다. 그러나 납기 지연이라는 비참한 결과만 초래했다. 현장을 잘 알고 있다는 생각이 오류였다. 현장은 시시각각 변하고 있었다.

생산성 향상에 중요한 요인은 불필요한 낭비 시간을 줄이는 것이다. 기본만 잘 갖춰져도 큰 효과를 만들 수 있다. 제품을 생산하는 부서는 프로세스가 디테일하게 정리되어 있어야 한다. 프로세스에는 일의 순서와 책임과 권한이 분명하게 명시되어야 낭비를 줄이는 데 기여한다. 모든 답은 현장에 있다. 현장에서 문제를 찾고 현장에서 대책을 만드는 것이 답이다. 많이 안다는 것만으로는 성과가 나오지 않는다. 성공이란 두 글자는 뛰는 자와 함께 가려는 속성이 있다. 그러니까 행동이 답이다.

3장

회사가 키워 주는
신입사원의 8계명

01
상사가 원하는
성과를 내는 사람이 되라

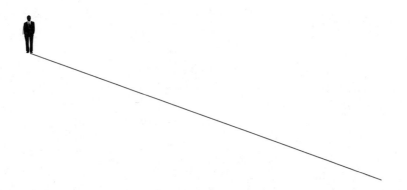

"김 대리! 지난번 과제의 납기가 지났는데 보고 안 하나?"

"급한 일부터 처리하느라 깜빡했습니다."

"아니, 그 과제가 가장 긴급하고 중요하다고 강조했는데 말이 됩니까?"

"죄송합니다."

"난감하네. 이번 주에 마무리 보고인데…, 어쩌자는 건가?"

모두가 비상상황을 직감하는 순간이었다. 한 사람의 실수로 다른 동료들까지 피해를 볼 운명에 처했다. 상사는 중요하고 긴급한 과제는 반드시 납기를 지켜줄 것을 당부한다. 팀의 전략과 맞물려 있기 때문이다. 상사가 희망하는 납기에 보고되지 않으면 당신은 무능력자가 된다. 그런데도 눈앞의 성과만 좇다가 일을 그르치는 사원이 있다. 일 잘하는 사원은 업무 우선순위와 납기에 대해 첫 단추를 잘 채운다.

상사의 경험과 능력은 생각보다 뛰어나다. 그러나 당신의 업무를 정기적으로 보고하지 않으면 상사로선 파악이 불가능하다. 모두가 바쁘다. 당신에게 지시한 업무를 일일이 신경 쓸 만큼 여유롭지 못하다. 정기적으로 업무추진 상황을 보고하여 피드백 받아 움직여야 한다. 상사가 부를 때까지 기다리거나 정기회의 때를 기다려선 안 된다. 상사의 의도와 맞게 업무가 진행되는지 개별적인 보고를 통해 확인 받아야 한다. 일의 방향을 맞추면 시간도 줄어든다. 상사는 당신을 키워 주는 도우미다. 하고 싶은 일이 있으면 열정을 다해 말하도록 한다. 협의를 통해 당장은 아니어도 중요한 일을 맡을 기회가 생길 것이다.

실수를 자주 반복하면 사소한 문제라도 치명적인 결과가 초래된다. 지금은 회사의 모든 시스템이 네트워크로 연결되어 있어서 더욱 주의가 필요하다. 내가 설비엔지니어로 유지보수 업무의 리더를 맡았을 때였다. 어느 날 설비 수십 대가 갑자기 동작을 멈추었다. 동분서주 끝에 컴퓨터 바이러스 침투가 원인임을 밝혀 조치했다. 이동식 저장장치에 숨어 있던 바이러스가 네트워크를 만나자마자 세력을 확장한 것이었다. 네트워크의 장점만 보고 단점을 생각 못한 실수였다. 재발방지안으로 인터넷을 끊고 타 저장장치는 사용을 금했다.

중요한 프로젝트는 고도의 집중력으로 단기에 완성해야 한다. 산재된 업무로 인해 하나의 프로젝트에만 매달릴 수도 없다. 때로는 조바심에 육체적, 정신적으로 지친다. 효율적이며 즐겁게 추진하려면 몰입이 답이다. 나는 설비의 중대결함을 클리어 하는 프로젝트에 참여했었다. 함께 연구하여 문제를 개선할 때마다 짜릿한 쾌감을 느꼈다. 쾌감은 또 다른 문제해결에 집중하도록 만드는 중독성이 있다. 황농문 저자는 《몰입》에서 몰입의 징후를 다음과 같이 말했다.

첫째, 한 가지 문제를 집중하여 생각하는 노력을 하면 의식이 그 문제로 가득 차게 된다.

둘째, 이 상태가 되면 그 문제를 생각하기만 해도 쾌감을 얻는다.

셋째, 집중도가 올라가면 쾌감이 증가한다.

넷째, 규칙적인 운동과 함께 몰입을 계속하는 한 쾌감이 몇 주일이고 몇 달이고 지속된다.

다섯째, 사기와 의욕이 샘솟고 자신감이 생기며 낙천적으로 변한다.

여섯째, 평소와는 달리 창의적인 아이디어를 빠른 속도로 만들어낸다.

일곱째, 감각이 섬세해지고 하루하루가 감격적이다.

여덟째, 아주 조그마한 문제해결 진전에도 큰 희열을 느끼고 감동한다.

아홉째, 자신이 하는 일에 신성하고 경건한 종교적 감정을 느낀다.

열째, 가치관이 바뀐다.

우뇌형 인간이란 말이 있다. 직장인은 분석과 논리에 충실하게 되므로 대부분은 좌뇌형이다. 그러나 종합적이며 예술적인 기지를 보이는 우뇌와 협력하지 않으면 큰 그림의 성과 창출은 어렵다. 의도적으로 우뇌를 발달시키려는 노력이 필요하다. 나는 컴퓨터 마우스를 장기간 사용하면서 오른쪽 손목에 터널증후군이라는 증상을 겪었다. 자연스럽게 마우스를 왼손으로 사용하며 우뇌 발달을 도모했다. 취미로 우뇌 개발을 겸한 힙합과 수영을 즐겼다. 좌·우뇌가 모두 발달하면 성과 창출 아이디어를 잘 내는 특화된 장점을 갖게 된다.

"C과제를 제가 맡겠습니다."

"아닙니다. C과제는 제가 하는 게 좋겠습니다."

"A와 B과제가 어려워 보이지만 성과가 크게 나오는데?"

"김 대리님이 맡으시면 좋을 것 같습니다."

직장에서는 매년 초에 팀별 부서별 특성에 맞추어 연간목표가 할당된다. 업무 순으로 목표치를 정하고 추진될 프로젝트가 발동된다.

함께 일하는 동료들과 업무를 분배하는 과정을 거친다. 한눈에 보아도 쉽게 추진될 과제와 불가능에 가까운 과제가 상존한다. 이럴 때 선제공격을 날리는 동료와 빼앗으려는 동료가 있다. 대부분은 쉽게 해결 가능한 C과제에 매달린다. 어려운 과제는 선심 쓰듯 양보하기에 급급하다. 그리고는 성공적인 개인평가와 연봉을 기대하지만 결과는 비참하다. 과제도 잘 해냈는데 평가가 좋지 않다고 투덜대며 상사를 원망한다.

진정한 업무성과를 내거나 리더가 되려면 두려움을 이겨내야 한다. 수준 낮은 과제를 완성하고는 큰 보상이나 상위 평가를 바라는 것은 어불성설이다. 실패 없이 성공한 사람은 없다. 혹시 실패한다고 해도 최선을 다하는 당신에게 손가락질할 부서원은 없다. 어려운 과제일수록 상사는 일손이 부족하지 않은지 재점검하여 추가인력 투입과 지원을 아끼지 않는다. 책임을 지는 리더의 역할수행은 상사가 원하는 사람이다. 실패에 대한 두려움은 성과 달성의 밑거름이다. 자신을 믿고 핵심 과제에 도전하기를 두려워하지 않아야 한다. 아래는 성과 창출에 탁월한 동료를 관찰하여 공식으로 정립했다.

(창의 × 열정 × 몰입) + 동료와의 협력 = 성과 법칙

가끔은 일을 열심히 해도 아무도 알아주지 않는다는 생각에 서운함이 들 때가 있다. 그러나 회사라는 조직은 이윤추구가 목표다. 누

군가에게 잘 보이기 위해 일하는 것이 아니다. 어떤 일이든 보상을 바라거나 잘 보이기 위한 기대를 걸고 진행하면 더 큰 실망이 따른다. 직장이란 돈 주고도 살 수 없는 업무 경험을 급여까지 받으며 일하는 곳이다. 미래의 경력을 공짜로 쌓고 있다는 생각으로 보람을 가지고 일해야 한다. 업무에 몰입하다 보면 중압감은 사라지고 어느새 승진이라는 기쁨이 선물처럼 찾아온다.

02
프레젠테이션은
나를 알리는 절대기회다

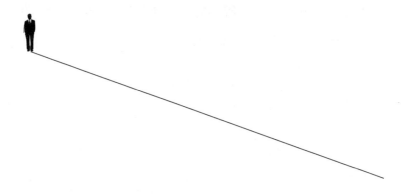

프레젠테이션은 어떻게 구성해야 성공할까?

'예능감이 중요하다.

1박2일처럼 재밌어야 한다.

차진 밥처럼 입맛을 잡아야 한다.

흥미진진한 드라마처럼 청중의 마음을 얻어야 한다.

분명한 메시지와 해결안과 핵이 있어야 한다.

중학생이 읽어도 단번에 이해되어야 한다.'

이처럼 프레젠테이션은

첫째, 청중이 얻고자 하는 목적과 목표를 분명히 하고

둘째, 발표 장소 환경을 사전에 점검하여 발표효과를 떨어뜨릴 요소는 미리 없앤다.

셋째, 심사위원과 청중의 연령대, 직책, 직무, 경력을 사전에 분석한다.

넷째, 시나리오가 성공 여부다. 발표가 10분이면 A4용지 3~4장이 베스트다.

정보 전달에만 치우친 발표는 청중이 외면한다. 맛있게 진행되어야 발표자와 청중 사이에 교감이 형성된다. 진지한 발표 중에 주제에 맞는 유머가 통할 때 소통된다. 재미가 있어야 중요 메시지가 제대로 전달된다. 신입사원은 부서 배치 후 1년차가 되면 평가에 지대한 영향을 끼치는 성과보고를 한다. 배치된 분야에서 해결했던 업무에 대해 문제에서 개선까지 정리하여 발표한다. 프레젠테이션은 파워포인트로 작성하며 제한된 시간에 정확하게 전달하는 기법이다. 커뮤니케이션 기술의 하나로 명확한 의사결정을 받는다.

프레젠테이션 각 장의 상단에 헤드 메시지를 3줄 이내로 요약한다. 헤드 메시지만 모아 보아도 핵심 주장이 전부 보이게 한다. 슬라이드 자료는 보조용일 뿐이다. 핵심만 적는다. 청중은 눈보다 귀로 듣기를 원한다. 듣는 것이 80% 보는 것이 20%다. 자료의 색은 3가지 이하가 적당하다. 다양한 색은 현란하고 어지럽다. 청중이 화려한 색상에만 주목하게 된다. 그 결과는 실패작이다. 단순한 색과 간결한 표현이 생명이다. 그래프, 도형, 숫자의 시각화 자료가 핵심이다. 글자는 14포인트 이상 크게 한다. 재미있는 예시, 격언을 필히 넣는다.

누구나 많은 청중 앞에 서면 불안하고 초조하다. 나는 내성적이라 더 심각했다. 얼굴이 붉어지고 말도 더듬었다. 심장 소리가 북소리 같아서 괴로웠다. 대담해지려면 자신감부터 키워야 했다. 고민 끝에 연극부에 들어갔다. 연극무대에 자주 오르며 자신감을 키웠다. 프레젠테이션을 잘하려면 다음 준비가 필요하다.

첫째, 발표 자료는 철저히 작성하고 자료 초입에 주제와 관련된 동영상 사례를 넣는다.

둘째, 연습 또 연습해서 통째로 외운다. 고수는 청중과 시선을 마주하며 말한다. 선거 유세 시 후보자가 연설 자료를 보기 위해 아래를 내려다보면서 말할 때와 정면을 응시하며 청중을 보고 말할 때, 어느 쪽이 더 강한 신뢰가 들었는지 생각해 보면 안다.

셋째, 충분한 리허설로 경험을 익힌다. 실전에서의 예기치 못한 상황에 대처능력이 생긴다.

넷째, 발성과 발음연습을 한다. '아, 에, 이, 오, 우' 로 입 주변의 근육을 푼다. 발표 10분 전에 시행하면 말꼬임이 방지되고 긴장감이 완화된다.

다섯째, 신체 컨디션 유지가 필수다. 나는 중요 발표를 앞두고 감기에 걸려 쓴맛을 본 적이 있다. 결과는 상상에 맡긴다. 날씨가 추워지면 난방으로 인해 실내가 건조해진다. 이때 감기 바이러스가 콧노래를 부르며 공격할 대상을 찾는다. 방어막 형성은 미지근한 물로 목을 자주 적셔 주는 것이 최선이다.

여섯째, 자신을 믿어야 무대 공포증을 이긴다. 청중은 내가 떨고 있는지조차 모른다. 당당하게 진행하라.

발표 전날 최종 리허설로 문제점을 점검한다. 스마트폰 녹음이나 촬영으로 분석해 본다. 자신의 억양, 목소리 톤, 발표 속도, 쉼이나 멈춤의 타이밍, 강조 구절이나 단어, 제스처, 시선 처리 등 총체적으로 점검한다. 발표 중 적절한 말의 멈춤은 청중들의 관심과 이목을 집중시킨다. 프랑스 황제 나폴레옹은 출정 전에 병사들 앞에서 단 한마디도 하지 않았다. 그러나 병사들은 그에게 엄청난 위압감을 받았다고 한다. 목소리는 복식호흡을 통해야 듣기 좋고 꽉 찬 성량이 나온다. 몸과 성대가 자유롭게 진동하기 때문이다.

발표 당일에 커피는 금물이다. 카페인은 심장 박동을 불규칙하게 하여 안정을 잃는다. 컨디션 유지는 충분한 아침식사와 휴식이 최고다. 발표 전 이미지 트레이닝을 통해 자신이 원하는 모습을 구체적으로 시각화한다. 발표에 집중하는 청중의 미소와 예상되는 질문에 설득력 있는 답변을 해본다. 기분이 좋아지고 두뇌가 차분해질 것이다. 이제 긍정적인 마인드로 무장되었다.

발표 장소에는 일찍 가서 장비를 점검한다. 포인터, 마이크, 음량, 슬라이드 넘기기 등 문제가 있으면 기획자에게 전달하여 즉시 처리한다. 무대의 동선도 점검해 본다. 고수는 무대의 어느 위치에서 어떤 말을 할지 미리 그려 본다. 같은 말도 무대 위치에 따라 청중은 다른 느낌을 받는다. 청중의 기준으로 볼 때 무대 왼쪽은 친근하고 따뜻하고 인상적이다. 오른쪽은 형식적이고 공식적이며 배타적이다. 중앙 전면은 강렬하고 딱딱함이 전달된다. 일반적인 발표자의 위치는 무대의 오른쪽 앞쪽이다. 발표 자료를 왼쪽에서 오른쪽으로 볼 수 있고 발표자의 등 쪽이 객석에서 보이지 않는 최적의 위치이다.

발표 시작은 박수를 받고 시작한다. "안녕하세요. OOO입니다."라고 아주 짧은 인사를 하고 박수가 끝나면 자기소개를 이어간다. 등장과 함께 "저는 어디 어디의 누구이고 지금 무엇을 합니다."라고 길게 소개하면, 청중은 어디서 박수를 쳐야 할지 난감해진다. 발표 성공의 가장 중요한 열쇠는 자신감이다. 목소리는 크고 밝게 하며, 자신감 있는 제스처와 미소를 짓는다. 청중이 몰입하도록 시선을 마주한다. 커뮤니케이션의 80%는 시각이다. 청중과의 교감은 한 사람을 쳐다보며 이야기하면 모두의 관심과 시선이 모인다. 바디랭귀지도 중요한 성공요소이므로 적극 활용한다. 단, 손을 흔들거나 포인터를 빙글빙글 돌리는 불필요한 동작은 자제한다. 다리를 떨거나 몸을 흔들면 강연은 힘을 잃는다. 또한 청중의 시선이 옷차림으로 분산되지 않도록 한다. 깔끔하고 정중한 기분의 정장을 입는다. 프레젠테이션 빛에 의해 청중의 눈을 부시게 할 수 있는 반지, 시계, 목걸이는 착용하지 않는다.

신입사원 1년차 업무수행 결과 발표에 심사위원으로 참여한 적이 있었다. 대부분의 발표자가 어찌할 바를 몰랐다. 자제해야 할 동작을 반복하여 혼란스러웠다. 자료의 내용은 좋았으나 발표력 부족으로 평가점수는 하위권으로 떨어졌다. 지난 1년간의 고생이 결실을 맺지 못한 것이다. 프레젠테이션은 당신을 알리는 절대기회다. 앞으로 지속 활용될 직장인의 필수 기술이다. 당신만의 특화된 프레젠테이션 기술을 만들어라.

03
상사를 고객처럼, 보고서 제출에도 감동을 택하라

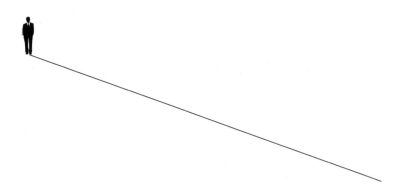

"여보, 주말인데 오래간만에 외식 할까?"

"웬일이야? 오늘은 출근 안 해?"

"응. 오늘 모처럼 쉬는 날이야."

"아 그래? 그럼, 그러지 뭐!"

"점심 먹고 영화 한 편 보고 들어오자."

모처럼 아내와 외식을 나섰지만 마땅히 갈 곳이 없었다. 무작정 찾다 보니 눈에 띄는 곳이 묵은지 김치찜 집이었다. 손님이 별로 없는 게 조금은 찜찜했다. 우리는 직감적으로 손님이 많은 식당의 음식 재료가 신선할 수밖에 없다는 것을 알고 있기 때문이다. 예상은 적중

했다. 김치찜에 들어간 돼지고기가 영 신선하지 않게 느껴졌다. 공기밥의 테두리 부분도 말라 비틀어져 있었다. 입맛이 돌지 않았지만 배를 채운다는 생각으로 한 끼를 해결했다. 그래도 아내와 함께한 나들이가 오랜만이라 기분은 날아갈 듯 했다. 아내의 웃음이 오늘 따라 더 화사하고 사랑스러웠다.

묵은지나 묵은 된장 종류는 전통적으로 오래 묵혀야 발효가 되어 맛과 건강에 이롭다. 그러나 오래 묵혀서는 안 되는 것도 있다. 주식인 밥이다. 메뉴는 괜찮은데 밥이 오래되었다면 맛이 있겠는가? 밥공기의 테두리 밥알에 물기가 말라 있으면 어떤 기분이 들겠는가? 한 술 더 떠 밥에서 묵은내가 난다면? 이런 곳의 음식이 맛있을 거라고 기대하는 사람은 없을 것이다. 기본인 밥이 차지고 기름지며 맛있어야 어떤 메뉴라도 오케이다.

그러나 많은 식당들이 이 부분을 외면하고 있다. 밥집은 밥이 맛있어야 사람들이 몰린다. 이영돈 PD의 <먹거리 X파일>에서 밥집과 관련하여 선정된 착한 식당을 보면 안다. 그들은 기본적으로 밥을 맛있게 짓는 데 목숨을 건다. 착한 식당으로 알려지기 전부터 입소문이 나서 줄서서 기다려야 먹을 수 있는 곳이다. 밥이 맛있는 식당은 메인 요리도 신선함을 생명으로 여기며 정성이 가득 담긴다.

보고서도 이와 다르지 않다. 상사의 입에 착착 감겨야 한다. 동일한 업무를 수행했다고 모두가 똑같은 대접을 받는 것이 아니다. 어떻게 보고하는가에 따라서 결과는 180도 다르다. 업무 결과에 빛을 발하거나 잃거나 둘 중 하나다. 한마디로 직장 성공의 판가름이 추진력과 함께 잘 마무리된 보고서에 기인한다. 맵고 쓴맛 나는 보고서를 올렸다가는 쓰레기통으로 직행이다. 당신의 업무 평가와 승진 여부가 결정되는 보고서를 대충 올려서야 되겠는가? 맡은 업무를 얼마나 잘 수행하고 마무리하였는지 평가하는 기준이 최종 요약한 보고서다. 가장 맛있고 차진 보고서를 제공하지 않으면 업무태만과 같다. 보고서는 업무의 핵심 뼈대이다. 착한 식당의 밥맛을 담아 내면 상사는 흔쾌히 고객이 되어 줄 것이다.

회사 업무는 개인보다 팀 단위로 부여된다. 동료의 업무 보고서는 정보 공유의 이점이 있다. 서로가 간과하고 있던 부분을 같은 방향으로 이끌어 주는 역할을 한다. 읽는 사람의 입장을 철저하게 배려해야 감동을 준다. 상사는 하루에 수백 통의 보고를 받는다. 간결하게 보고하지 않으면 당장 불려간다. 간결한 보고서는 서두에 한 줄만 읽고도 전체적인 내용의 감이 잡힌다. 상사의 성향에 따라서 보고서 작성법은 조금씩 달라지기도 한다. 글자의 크기와 폰트, 서론, 본론, 결론의 배치에 이르기까지 선호방식이 달라서. 선 파악 후 작성이 기본이다.

보고서는 말로 보충이 필요 없도록 명확한 핵심을 담아 전달하는 문서기술이다. 핵심요점과 대안을 부각시키는 것이 일반적이다. 상사가 원하는 내용을 임팩트 있게 구성해야 소통이 원활해진다. 업무

시작의 최초보고서에는 제목, 추진목적, 내용요약, 실행방법이나 대안, 일정, 소요비용, 예상효과를 넣는다. 업무가 한창 진행되는 과정에는 중간보고가 좋다. 진행하면서 문제되는 점을 요약하고 추가대책을 넣어 상사의 의견을 듣고 반영한다. 최종보고는 성과와 함께 최초에 보고할 때와 비교하여 기대효과가 충족되지 못한 부분을 정리한다. 그리고 향후 어떤 방향으로 보강할지 구체적으로 요약하면 된다. 상사로부터 보고서의 수정을 요구받더라도 의기소침하거나 실망할 필요 없다. 그럴수록 상사의 의중을 재차 파악하여 수정해서 반영한다. 보고서를 올리기 전에 상사와 입장을 바꾸어 소리 내어 읽어보면 수정에 도움이 된다. 작성한 보고서가 다음의 반응이 예상되면 리턴이다.

첫째, "요점이 뭐야? 도대체 내용 이해를 못하겠어."

둘째, "이거 확신이 안 들어. 내가 결정을 내릴 수 있는 근거가 어디 있지?"

셋째, "문서에 성의가 없어? 오타가 많아."

넷째, "문맥의 흐름이 막혀서 술술 읽히지가 않아."

상사에게 인정받는 보고서를 작성하려면

첫째, 보고를 해야 할 업무에 합당한 충분한 정보를 빠르게 수집해야 한다.

둘째, 보고와 관련된 현장 내용을 제대로 분석해야 현실적이다. 발품을 팔아야 얻는다.

셋째, 적용 가능한 대안이 제시되도록 스케치한다. 사전 분석된 자료를 토대로 큰 틀의 그림을 노트에 적은 후 컴퓨터와 마주한다. 준비 없이 무작정 컴퓨터를 마주하면 시간 낭비다. 모든 보고서의 시작은 전개내용의 밑그림으로 시작한다.

넷째, 양보다 질이다. 논문이 아니다. 빠른 판단에 어려움을 주는 불필요 내용은 제외한다.

다섯째, 제목만 보고도 내용을 감지할 수 있어야 된다. 제목은 '회의록] ~회의 결과, 업무보고] ~보고 건, 품의서] ~품의 건' 라고 적어서 첫 단어만 보고도 어떤 유형의 내용인지 파악되도록 한다.

여섯째, 보고받는 사람인 직속 상사의 관점에서 작성한다. 문장 구조는 두괄식, 미괄식, 양괄식 중에서 상사에 입맛에 맞춘다. 두괄식은 문장의 핵심 결론이 머리 부분에 놓인다. 반대로 끝부분에 놓으면 미괄식이다. 머리와 끝에 모두 놓으면 양괄식 구성이다. 일반적으로 상사는 핵심결론을 우선시하는 두괄식을 선호한다.

일곱째, 주요 항목의 증가, 감소에 대해서는 요인분석과 데이터, 그래프 추이를 이용한다.

보고서는 주변 사람들의 말만 듣고 쓰면 실패할 확률이 높다. 확인된 타당한 근거를 가지고 써야 한다. 간결하고 읽기 편하게 균형을 맞추는 작업이 중요하다. 내용물 배치가 보기 좋아야 하며 부수적인 설명인 도표와 그래프의 배치도 중요하다. 연간 또는 반기 경영전략 보고서라면 신기술 트렌드도 접목해 봐야 한다. 신기술을 접하려면 경제나 전자신문과 뉴스를 주 1회 정기적으로 살피면 보인다. 신기술 정보가 있으면 관련 서적을 구입해 습득을 해둔다. 그리고 맡고 있는 업무와 접목이 가능한지 타진한다.

나는 RFID(radio frequency identification : 초소형 칩을 부자재에 내장시켜 무선으로 정보를 추적하는 무선식별 장치) 기술이 세상에 첫선을 보였을 때 설비의 기능향상에 효과가 없는지 검토를 한 적이 있다. 당시 적용효과 대비 투자금액이 커서 보류했다. 그러나 기술이 발전할 때마다 기존 제품은 가격이 내려가는 것이 추세이다. 나중에 가격 절충이 되는 시점에 접목하면 큰 효과를 낼 수 있다. 이러한 기술은 타부서에 알리는 것만으로도 회사에 기여한다. 지금은 현실세계에 가상의 대상을 결합시켜 현실의 효과를 더욱 증가시키는 증강현실(Augmented Reality) 기술이 있다. 그리고 군사용 무인항공기로 개발된 드론이 있다. 이런 기술을 업무에 접목하여 현장의 문제점을 혁신적으로 개선할 수 없는지 검토하는 습관은 성공보고서의 바로미터다. 남들이 보기에 아무리 잘 쓴 보고서라도 직속 상사의 뜻과 맞지 않으면 쓸모가 없다. 상사에게 감동을 주는 보고서 작성에 심혈을 기울이자.

04
절대 혼자
밥 먹지 마라

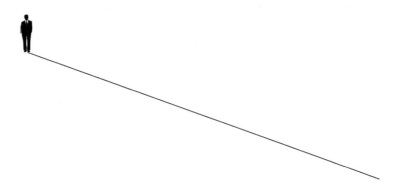

'나 혼자 밥을 먹고
나 혼자 영화를 보고
나 혼자 노래하고
이렇게 나 울고불고….'

걸 그룹 씨스타가 부른 〈나 혼자〉 노래의 가사다. 최근 뉴스를 보
면 혼밥(혼자 먹는 밥), 혼술(혼자 마시는 술)을 하는 혼족이 늘어나는 추세
라고 한다. 혼자만의 세상에 갇혀 지낼까 안타깝기만 하다. 회사 식
당에서도 예전과 달리 혼자 밥 먹는 직원이 많아 보인다. 친구라고는
스마트폰이 전부인 듯 보였다.

사람의 첫인상은 오래도록 상대방의 기억을 지배한다. 태도와 얼굴에 드러나는 표정으로 타인은 당신의 첫인상을 파악한다. 잘생기고 못생겼냐가 아니다. 어떤 마음으로 상대에게 다가서느냐가 핵심이다. 진정성이 있느냐. 회사는 동료와 선후배 관계로 이어져 있고 혼자서 할 수 있는 업무가 적다. 나누어 추진하거나 지원을 받아야 하는 공생관계로 연결되어 있어서 대인관계는 가장 중요한 관건이다. 똑똑한 사람도 혼자만의 힘으로는 성과를 창출하기 힘든 곳이 직장이다.

잘나가는 직장인은 자신의 업적에만 집착하지 않는다. 동료와 함께 가고자 한다. 사실 대인관계가 매우 중요하다는 것은 누구나 알지만 말처럼 쉽지 않다. 자기가 좋아하는 사람과 일하고자 하는 것은 한결같은 심정이다. 어떤 사람은 둥글둥글해서 모든 것을 포용해 준다. 반면에 한마디 말에 뾰족한 성격을 드러내는 사람도 있다. 이런 사람은 지속적인 직장 스트레스가 누적되어 그럴 수도 있다. 누구든지 스트레스 관리에 소홀하면 대인관계에 금이 갈 것은 불 보듯 뻔하다. 스트레스를 이기려면 좋아하는 취미를 찾아 몰입해 보는 것도 방법이다. 지쳐 가는 삶에 살짝 브레이크를 걸어 두고 잠깐의 휴식으로 마음에 숨구멍을 터주는 것이다.

《삼국지》에는 적이 회유하고자 보낸 진귀한 선물에 눈이 멀어서 양아버지인 정원을 죽인 여포처럼 도의를 저버리는 장수가 출연한다. 여포는 양아버지와 아들 사이에 한 약속인 부자지간의 약속 관계를 아무 거리낌 없이 산산조각 내 버렸다. 그렇게 약속을 쉽게 저버리는 여포의 행동은 결국 자신을 죽음으로 몰고 간다. 직장에서의 대인관계도 이와 다르지 않다. 작은 약속도 대수롭지 않게 생각했다가는 큰 코 다친다.

회사 동료와의 저녁 약속이 있었다. 4명이 모이는 자리였는데 한 명의 동료가 약속 시간이 한참이나 지나도록 나타나지 않았다. 사고가 난 것은 아닌지 걱정되어 전화를 했다.

"여보세요! 조 대리? 어디입니까?"

"오늘 따라 차가 좀 많이 막히네요. 먼저 드시고 계세요."

"그럴 수 있나요! 이심저심(동료의 마음은 저녁으로 통한다.)인데, 기다리겠습니다."

그 후로도 1시간이 지나도록 나타나지 않았다. 전화도 불통이었다. 기다리다 지친 우리는 식어버린 저녁식사를 했다. 음식이 나온 지 한 시간이 지나 차갑게 식어 버렸다. 끝내 그는 약속 장소에 나타나지 않았다. 다수와의 약속이므로 내가 참석하지 않아도 문제없다고 생각하면 큰 오산이다. 약속을 지키지 않는 사람은 업무에 있어서도 믿을 수 없는 사람으로 낙인 찍힌다. 약속은 신뢰의 증표이다. 지킬 수 없으면 처음부터 거절하는 것이 좋다. 혼자만의 노력으로 살아가기 힘든 것이 인생이다. 내가 느끼는 행복은 다른 사람의 지지가 있기 때문이다. 대인관계는 자신을 드러내어 상대방과 공감을 형성하는 것이다. 공감이 형성되어야 소통으로 연결되고 소통이 되어야 함께할 수 있다. 김창옥 작가는 저서 《소통형 인간》에서 이렇게 말한다.

"사회의 각 분야에서 괄목할 만한 성과를 낸 사람들의 대부분은 좋은 인상을 가지고 있다. 그들은 목소리도 좋으며 리액션에 해당하는 제스처도 편안하고 자연스럽다. 한마디로 사람들과 소통하는 능력이 탁월한 것이다. 그들은 좋은 목소리, 듣기 편한 목소리로 말을 한다. 다른 사람이 들어서 편안하게 느껴지는 목소리는 자신을 완전히 드러내야 가능하다. 자신을 드러낸다는 것은 기존에 자기가 가지고 있던 상처, 열등감, 자존심에서 벗어나는 것을 말한다. 원활한 소통을 위해 자신을 크고 멋지게 포장해야 한다고 생각하는 것은 착각이다. 대부분의 사람들은 자신보다 아름답고, 뛰어나고, 훌륭한 사람에게 관심을 가지기보다 자신보다 못하거나 비슷한 사람에게 시선을 준다. '이 사람에게도 나와 같은 아픔이 있구나!' 라는 동병상련이 느껴지는 사람에게 마음의 문을 연다."

사람들은 같은 유형이나 같은 취미의 사람들과 뭉친다. 외향적이든 내향적이든 모두 같은 성격의 사람과 어울린다. 당신도 처음에는 같은 성향의 사람과 어울릴 수 있도록 노력하면 된다. 식사시간에 어울릴 팀원을 찾아 친분을 만든다. 친분을 만들려면 일상적인 생활이나 업무에서 작은 것 하나라도 먼저 베푼다. 함께 밥을 먹는 시간이 많아지면 동질감이 생성되고 서로에게 관심이 생긴다. 업무시간 외의 저녁모임도 팀원과 함께하는 것이 좋다. 특별한 사유 없이 따로 행동하면 나중에는 함께할 명분을 잃는다. 서로가 이해를 해줄 수 있는 관계가 되었다면 모를까? 익숙할 정도로 친해지기 전에 자신의 입장을 고집하고 행동하면 왕따가 될 수 있다. 마음에 문은 항상 열어 두도록 한다. 출입문을 열어 두면 도둑이 들지만 마음의 문을 열어 두면 인맥이 생긴다.

새로운 사람과의 경험은 머릿속에 화학반응이 일어난다. 부서에만 한정하지 말고 타 부서나 외부에서도 인맥 만들기에 도전한다. 인맥을 넓히려면 같은 관심사를 가진 동호회 모임에 참여하는 것도 방법이다. 동호회 활동을 하면서 리더를 맡은 사람의 역할과 운영해 가는 방법을 배워 두면 도움이 된다. 리더의 역할을 직접 경험해 본다면 미래 리더로서의 소중한 자산이 된다.

나는 7개의 동호회 활동을 동시에 한 적이 있었다. 시간이 부족하여 월간 일정표를 만들어 참가했다. 몸은 힘들었지만 대인관계가 좋아져 상호 업무지원도 수월했다. 서로에게 도움을 줄 수 있는 '인정'의 관계가 형성된 때문이다. 입사 초년생 시절에는 총무를 맡아 보면 좋다. 모임의 회비 관리와 일정수립 및 내용을 공지하는 일이다. 총무에게 별다른 특혜는 없다. 그러나 회원들과 자주 연락을 하면서 자연스럽게 친분이 쌓인다. 시간이 흐르면서 신뢰는 더욱 돈독해진다. 또한 총무의 역할에 고마움을 느끼게 되면서 괜찮은 사람으로 인정받는다.

회사의 석식 모임은 자연스럽게 술자리로 연결된다. 이때 술안주로 남의 험담을 즐기기도 하는데 진짜 주의해야 한다. 특히 회사에서 잘나가는 사람을 향한 험담이 많다. 당사자가 없는 자리에서 뒷말을 하는 것은 사람의 본성인지도 모른다. 그러나 내가 없을 때에도 이렇게 험담의 대상이 된다고 생각하면 어떤 느낌이 들겠는가? 뒷담화가 당사자의 귀에 들어간다면 대인관계마저 심각해진다. 앞에서 할 수 없는 말은 뒤에서도 금물이다. 험담은 독이 되어 돌아오며 대인관계에 치명적인 약점으로 작용한다. 인생에서 가장 큰 기회는 귀인을 만나는 것이다. 기회는 저절로 찾아오지 않는다. 발 벗고 나서서 만드는 것이다. 귀인을 만나기 위한 여정에는 인맥이 우선이다. 인맥을 구축하려면 혼자 밥 먹지 마라.

05
자신만의
필살기를 지녀라

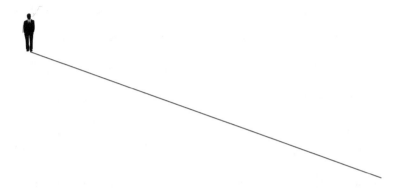

　유비와 함께 촉나라를 세운 관우는 여러 적장들을 청룡언월도를 휘둘러 단칼에 벤 천하무적의 필살기를 가지고 있었다. 이처럼 필살기라면 관우의 청룡언월도쯤은 되어야 하지 않을까? 찹쌀떡의 달인은 반죽을 할 때 찬물로 시간차 공격을 가하는 필살기를 발휘한다. 반죽이 냉탕과 온탕을 넘나들게 하여 찰기가 강해지도록 유도한다. 가장 주요한 포인트에 자신만의 주특기나 노하우를 만들어 투입시키는 것이다. 직장인의 필살기는 무엇일까? 직장인의 필살기는 회사가 원하는 성과를 창출해 내는 자신만의 능력이다.

　직장에서는 상사가 중요시하는 업무가 우선이다. 신입사원 임의로 업무 우선순위를 정하여 진행하면 낭패를 본다. 주요 업무가 뒤로 밀려서 상사가 보고를 원할 때 할 말을 잃게 된다. 상사가 원하는 중요 업무는 많은 동료들이 함께 추진하는 프로젝트 연결형 업무이다.

프로젝트 업무는 세부추진 계획 일정이 수립되어 진행된다. 한 사람의 업무 지연으로 많은 사람들이 기다려야 하는 상황도 있다. 이러한 업무일수록 최대한 빠르게 마무리할 수 있는 능력을 키워야 한다. 여러 긴급업무가 자신에게 몰린 상황에서는 즉시 상사에게 보고하여 우선순위 조정을 받는다. 업무의 긴급 상황에 따라 동료들에게 일부 배분되어지기도 하지만 걱정할 필요는 없다.

하버드대 비즈니스 리뷰에서 주요기업 임원 400명을 대상으로 회사 내 유망 부서에 어떤 사람을 배치하겠는가를 조사한 결과가 있다. 응답자 84%가 일의 우선순위를 정하고 마무리하는 감각을 중요시 했다. 그만큼 일의 우선순위를 정하여 추진하는 방법은 비즈니스에 매우 중요한 단추이다. 그러나 대부분의 사람들은 업무의 우선순위 배치에 개인의 이익을 두려고 한다. 회사에서는 개인보다 회사의 가치에 중점을 둔다. 회사가 원하는 중점가치는 상사와 맥을 맞추는 것이다. 상사에게 받은 업무를 착실히 해내어 상사가 성공적으로 임무를 완수토록 해야 한다. 그것이 부하사원의 임무다. 상사의 성공은 당신에게 탄탄한 직장대로로 연결될 것이다.

상사에게 부여받은 업무를 제대로 수행하기 위해선 업무 습관에도 주의를 기울여야 한다. 하루 업무를 종료하기 전에 오늘의 업무일지를 기록한다. 디테일하게 쓰지는 않더라도 핵심적인 업무명과 처리한 내용을 기록하면 된다. 다음 날 연결해서 해야 할 업무도 끝부분에 적어 둔다. 보고를 위한 업무일지가 아니어도 된다. 오늘의 성과와 미흡한 점을 살펴볼 수 있으면 된다. 그리고 내일 해야 할 업무를 파악하는 데 용이하면 된다. 이런 방법은 회사가 요구하는 주간과 월간업무 보고서 작성에도 유용하게 활용될 것이다.

업무를 하면서 습득한 내용은 매뉴얼로 정리해 둔다. 일을 하다가 기억나지 않을 때나 나중에 후배 교육의 지도서로 활용이 가능하다. 시간이 지나면 잊어버리는 것이 기억이기 때문이다. 그리고 회사 생활을 하다 보면 뜻하지 않게 휴가나 출장을 가게 될 수도 있다. 출장시 긴급한 업무는 동료의 지원이 필요하게 된다. 이때 업무 요청을 하면서 매뉴얼을 함께 건네주면 어떨까? 모두들 자신의 업무에 바빠서 잘 모르는 분야의 지원을 요청받으면 스트레스를 보인다. 그러나 깔끔하게 정리된 업무 매뉴얼을 건네면 분위기를 조금은 녹여줄 수 있다. <u>틈틈이 시간을 내서 맡은 업무의 상세한 절차와 프로세스, 노하우를 정리해 두면 자신만의 필살기 매뉴얼이 된다.</u>

예전에 내가 살던 집 근처에는 슈퍼마켓이 두 군데가 있었다. 그 중 한 곳의 사장은 손님에게 관심이 없다. 무뚝뚝한 표정으로 손님이 말을 건네면 심드렁하게 받는다. 딱딱한 말투에 굳은 표정의 얼굴을 보면 이유 없이 기분이 나빠진다. 반면 다른 한 곳의 사장은 친절함이 돋보였다. 늘 따뜻한 웃음을 띠고 있으며 반갑게 맞아준다. 매년 여름이면 사람들에게 잘 알려지지 않은 조용하고 괜찮은 휴가 장소를 인쇄하여 한 장씩 쥐어 준다. "이번 여름엔 이곳에 한번 가 보세요. 미리 다녀와 봤는데 깨끗하고 조용해서 쉬다 오시기엔 최고입니다."라고 말하며 슈퍼를 방문하는 사람들에게 건넨다. 시간이 지날수록 친절한 사장이 운영하는 슈퍼로 사람들이 몰렸다. 고객을 우선시하는 친절은 그만의 영업 필살기가 아니었을까? 반년 정도 지나자 두 군데 슈퍼에서 한 곳만 남아 번창하고 있었다. 필살기가 있느냐 없느냐에 따라 사느냐 죽느냐로 나뉜 것이다.

직장에서는 열심히 일하는 20%의 인원이 유유자적하는 80%의 사원까지 먹여 살린다는 우스갯소리가 있다. 그러나 웃어넘기기 전에 나 자신부터 심각하게 돌아보아야 한다. 이런 현상은 비단 인간사 문제만이 아니다. 군집생활을 하는 개미나 꿀벌 사회에서도 똑같은 현상을 보인다. 열심히 일하는 20%와 달리 일하는 척 흉내만 내며 게으름을 피우는 개미나 꿀벌이 80%가 된다고 한다. 당신은 어떤 유형인가? 상위 20%에 들어 있다면 성실이라는 필살기를 지닌 것이다.

이왕 하는 일이라면 열심히 하는 편이 만족감을 높인다. 그러나 '월화수목금금금'이라는 요일을 만들어 근무시간을 무한정 늘리는 것은 필살기가 아니라 자신을 죽이는 행동이다. 업무강도를 높여서 주어진 시간에 업무를 성실하게 마무리할 수 있는 능력을 필살기로 만들어야 한다. 한 분야의 업무를 오래도록 하다 보면 누구나 숙련가로 인정받는다. 그러나 숙련자는 언제든지 다른 사람으로 대체될 수도 있다. 숙련가에서 전문가로 점프해야 그 분야의 인재로서 필살기를 품는 것이다.

나는 20대 후반에 레크리에이션 자격을 취득하여 봉사활동을 다녔다. 자신이 좋아하는 분야의 전문가가 되어 봉사활동을 하면 또 하나의 필살기가 구축된다. 베풂은 베풂으로 돌아온다. 사실 삶이 즐거워지는 기쁨 그 자체가 보상이다. 매일 똑같은 일상에서 일탈의 재미를 만날 수 있다. 레크리에이션 강사는 프로그램을 짜기 위해 사전점검 기본항목이 있다. 모임의 주요 목적, 날짜, 시간, 장소를 점검한다. 참석 대상자의 성별과 연령대도 살핀다. 성인과 청소년의 프로그램 구성은 확연히 다르다. 성공적인 프로그램 구성은 노력한 만큼 성과를 보인다. 업무에 있어서 기본적인 구성을 탄탄하게 준비해야 성공적인 성과를 기대하는 것과 같다.

아메리카 인디언들에게는 '레인메이커'라는 주술사가 있다. 가뭄으로 비가 오지 않아서 경작물이 자라지 못하면 양식을 구하지 못해 어려움에 처한다. 이때 레인메이커는 부족이 전부 모인 자리에서 비를 내리게 하는 성스런 제사를 하늘에 지낸다. 그는 부족이 위험에 처했을 때 돌파구를 만들어 위기에서 구해내는 필살기를 보인 것이다. 직장에서 레인메이커와 같은 인재로 인정받는다면 확실한 필살기를 가졌다고 본다.

마지막 필살기는 자신을 위해 시간을 쓰는 것이다. 주말에는 여행이나 새로운 지식과 취미에 심취하도록 한다. 배움은 인생을 즐겁게 만든다. 자기계발은 자신과 회사 모두에게 유익하다. 좋아하는 분야의 자기계발은 열정과 기쁨이 따른다. 그리고 함께하는 다양한 사람들의 지혜와 인생을 배울 수 있다. 삶이 즐거워야 직장 생활의 여유가 생긴다. 배움은 새로운 필살기를 만들어 낸다.

06
나만의 업무활용 지침서를
만들어 가라

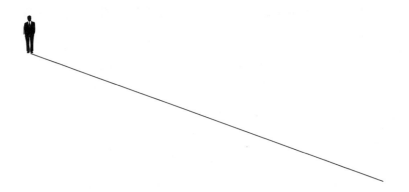

"김 대리, 이번에 배치 받은 경력사원 설비교육 직접 진행해 봐."

"네? 제가 아직 실력이 미흡해서…."

"벌써 엔지니어 3년차인데 무슨 말인가? 대충하지 말고 제대로 해 주게."

"예, 해 보겠습니다."

"그럼, 한 주간 알차게 챙겨 주게."

"네, 부장님."

상사의 지시에 엉겁결에 대답은 했지만 눈앞이 캄캄했다. 알고 있는 지식을 총동원해서 당장 교안부터 만드는 게 급선무였다. 준비되지 않은 교육은 교육생에게 지식과 지혜를 전달하지 못한다. 교육을 받는 입장에서 진한 아쉬움이 남을 것은 당연하다. 밀려 있는 업무까지 처리하려면 당장 오늘부터 야근이다. 이번 주에는 퇴근 후 개인적인 시간도 빠듯하다. 목요일은 어머님 기일이다. 금요일은 특별히 시간을 내서 아이의 진로상담으로 학교에 방문하기로 예정되어 있다. 어찌된 일인지 개인적인 일이 많으면 회사일도 덩달아 바빠진다. 이번에도 마찬가지다. 머피의 법칙이 생각나는 순간이다.

"선배님, 안녕하세요?"
"무슨 일인가? 부탁할거라도 있는 눈치군!"
"네, 선배님. 설비 교안자료 있으면 부탁 좀 드립니다. 금번에 설비 교육을 맡았습니다."
"그래? 음~, 한번 찾아보도록 하지."

시간 절약을 위해 선배에게 업무교안 자료가 있으면 공유해 달라고 요청했다. 지금까지 미리 챙겨 두지 못한 진한 아쉬움을 달래면서 말이다. 회사에는 공통적인 업무 관련 지침서가 비치되어 있다. 그러나 전문가의 경험이 들어간 노하우가 없어서 효용성은 떨어진다. 노하우는 이론으로 얻어지지 않는다. 이론을 바탕으로 현장에서 실행해 가며 경험으로 얻어진 자신만의 산출물이다. 선배들의 소장 목록에서 구하지 못하면 맨땅에 헤딩하듯이 밤새워 만들어야 할 상황이다.

　이런 상황을 만들지 않으려면 미리미리 업무 실패와 성공의 내용들을 기록으로 남겨야 한다. 노하우를 부가하여 꼼꼼히 정리해 두면 자신이 창작한 유일무이한 업무지침서가 된다. 노하우는 실패의 확률을 줄여 주며 앞으로 수행할 업무의 스피드도 빨라진다. <u>오늘의 실패 노하우는 미래의 성공 노하우이자 방향타이다. 그리고 길잡이며 스승이다. 후배 사원에게 자랑스럽게 꺼내 놓을 수 있는 유용한 지도서다.</u> 자신만의 업무활용 지침서 만들기 4가지를 적어 보면 다음과 같다.

　첫째, 책상에 앉아 모니터만 쳐다보면 눈만 아프다. 현장에 모든 문제와 해답이 있다. 설비 엔지니어라면 설비를 애인처럼 늘 곁에서 돌봐야한다.

　둘째, 현장에서 얻어진 경험을 기록으로 남긴다. 많은 내용들을 일일이 적는 것이 귀찮을 수는 있다. 자신만의 요약된 문장으로 적는다.

　셋째, 일의 결과를 통해 배우는 자세를 키운다. 일을 하다 보면 실패와 성공이 공존하고 있다. 실패는 성공보다 더 큰 자산이다. 반드시 기록하여 보관해 둔다. 철저한 분석을 통해 같은 실수를 반복하지 않는다.

　넷째, 자신이 맡은 업무 분야에 대해 끊임없이 공부한다. 학생신분을 벗어났으니 더 이상 공부는 필요 없다고 생각하면 오산이다. 이론과 실무를 공부하여 정리해 둔다. 꾸준한 업그레이드에 정성을 다하면 훌륭한 업무지침서가 만들어진다. 자신에게도 후배에게도 실전 고수의 비법으로 남는다. 못 그려도 좋으니 삽화를 그려 넣고 사례를 남기면 딱딱하지 않고 맛있는 양념을 넣은 최고의 교안이 된다.

업무활용 지침서에는 업무 실행과 성과를 내는 방법이 들어 있어야 한다. 문제 관련 데이터 추출, 분석 Tool, 개선안 적용법을 사전에 배워서 활용하도록 한다. 회사에서 챙겨 주는 교육과정을 살펴보면 6시그마, DOE(실험계획법), 트리즈, 창의적 문제해결 기법 등의 과정이 있다. 하나씩 선택하여 모두 배워 두면 피가 되고 살이 되고 돈이 된다. 한 예로 주요 프로젝트의 일원으로 발탁되어 성과를 창출하게 되고 성과급여를 받을 수도 있다. 평가와 승진에서도 유리하게 작용하여 급여의 상승폭이 커진다.

진행하던 업무에 골치 아픈 문제가 생겼다고 포기하면 제대로 된 실적은 없다. 살을 빼고자 헬스클럽에 1년을 계약했는데 한 달도 채우지 못하고 그만두는 실패와 같다. 끝까지 달려서 결승선을 통과하여 승자의 기분을 만끽하는 습관을 가져야 한다. 결승선 주변에는 실패라는 불가항력적인 요소가 곳곳에 진을 치고 기다린다. 미처 경험해 보지 못한 상황에 부딪혀 많은 시간을 빼앗길 수 있지만 엄연히 거쳐야 할 과정이다.

한 분야에서 전문가가 되려면 여러 직무를 경험하는 것이 좋다. 하나의 업무 분야에는 여러 직무가 존재한다. 하나의 직무에서 최소 3년은 업무지식을 쌓아야 경험이 충분해진다. 나는 사내 대학에 등록하여 반도체 제품의 전 과정을 배웠다. 그리고 조립 공정에서부터 검사 공정의 마무리 직무까지 모든 직무를 경험했다. 설비를 관리하는 보전 업무에서 설비개조와 개발부서의 경험까지 쌓았다. 다양한 경험이 가능했던 이유는 기회가 생기면 먼저 손들고 지원했기 때문이다.

익숙해진 하나의 직무에 머무르다 보면 고정관념의 모드에 빠져든다. 현장에 숨어 있는 큰 문제를 문제로 보지 못하는 황당한 문제다. 한마디로 커다란 가물치는 보이지 않고 피라미만 보인다. 익숙해진 것과의 결별이 필요한 시점인 것이다. 한 분야의 여러 직무를 거치면 진짜 고수인 전문가로 거듭난다. 작은 틀에 얽매이지 않고 큰 틀의 전략적인 업무 밑그림을 그릴 수 있다. 그렇게 자신의 분야에서 누적된 업무수행 프로세스와 노하우는 자신만의 독보적인 브랜드로 태어나게 된다. 직무를 바꾸면 다른 것이 보인다.

독보적인 브랜드가 형성되면 자신만의 경호원을 대동하는 것과 같다. 노력에 대한 보상은 크다. 회사에선 절대 놓칠 수 없는 소중한 인재로 인식된다. 후배들이 잘 따르고 존경하게 된다. 회사 생활과 인생에 있어서까지 배울 점이 많은 선배로 인지되기 때문이다.

요즘은 살아 있는 현장의 경험을 학생들에게 전달하려는 대학이 늘고 있다. 직장 경력이 풍부한 사람을 대학에서 겸임교수로 초빙하여 생생한 강연을 추진한다. 직장인들에게는 더없이 좋은 기회이다. 자신의 살아있는 경험지식을 후배들과 나누어 행복하다. 인생 이모작의 훌륭한 대안도 된다. 직장에서 해당 분야의 오랜 실무 경력을 착실히 쌓으면서 추가로 학위까지 갖추어 두면 훗날 교단에서 강연이 가능한 위치까지 도달한다. 나만의 업무활용 지침서를 만들어 독자적인 브랜드로 탄생시키고, 전문가로의 성장을 꿈꾸자. 전문가는 사막에서도 살아남는 지혜의 힘을 가지게 된다.

07
회사의 부속품이 아닌
주인정신으로 일하라

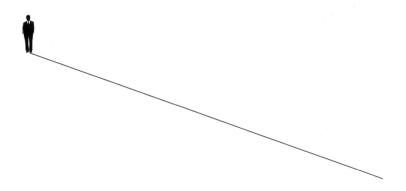

‘입맛이 없다.

출근만 하면 가슴이 답답하다.

출근과 동시에 퇴근시간만 체크한다.

동료와의 대화가 부쩍 줄었다.

왜 사는지 모르겠다.

납기 임박 과제에 두통이 심하다.

일하는 척 한다.

동료의 일상에 관심이 없다.

자신감이 바닥이다.

웃음을 잃었다.

꿈이 없다.'

반복되는 회사 생활에 지쳐서 도망치고 싶을 때가 있다. 지쳤다는 것은 일에 대한 즐거움이나 의미를 상실하여 슬럼프에 빠진 것이다. 직장인이라면 3년, 5년, 10년차 즈음에 한 번씩 겪는 증상이다. 목구멍이 포도청이라 원치 않는 출근과 퇴근을 반복하는 시기를 맞는다. 그러나 당신이 입사하고자 부단하게 노력했던 그 때를 떠올려 보기 바란다. 합격 통보서를 받고 장밋빛 꿈을 꾸던 에너자이저 백만 퍼센트 충전모드였다. 열정과 패기는 슈퍼맨에 버금갔었다. 그런데 시간이 흐르면서 그 모든 것을 잃은 채 살아간다. 한마디로 인생의 목표를 잃었다. 이런 상태라면 회사 업무에도 소홀해지게 되어 위기를 맞을 수 있다. 오늘 하루만 무사히 넘기고 싶은 위험한 줄다리기를 하게 된다. 이런 원인은 자기 자신에 대한 주인정신을 놓아버렸기 때문이다.

우리 모두는 자신과 누군가에게 매우 소중한 존재이다. 가족과 회사 모두에게 꼭 필요한 사람이다. 없어선 안 될 핵심 인재다. 목표를 재설정하고 자신을 일으켜 세우려는 노력을 해야 한다. 잠시 힘들겠지만 시간이라는 해결사가 있다. 자동차는 2만여 가지의 부품으로 이루어진다. 매우 중요한 부품도 있고 무심히 채워지는 비중이 작은 부품도 있다. 그러나 자동차가 완성되고 움직이려면 작은 부품 하나도 없어선 안 되는 소중한 존재라는 것을 알 수 있다.

동계훈련을 열심히 한 선수와 반대의 선수가 있었다. 시즌 초반에는 실력 차가 보이지 않는다. 그러나 본격적인 여름 시즌에 돌입하면 상황은 달라진다. 동계훈련을 제대로 해낸 선수는 모두가 지치는 여름철에 더 강력한 빛을 뿜어낸다. 여름 야구 시즌을 지켜보면 알 수 있다. 여름만 되면 안타와 홈런을 더 많이 때리며 펄펄 나는 선수가 있다. 한 시즌이 아니라 오랜 시즌을 그렇게 지켜낸다. 직장 생활 또한 마라톤과 같은 장기 레이스의 과정이 요구된다. 몇 년간의 노력만으로 대성과가 나타나진 않는다. 꾸준히 자신의 발전을 도모하려는 자기계발이 있어야 한다. 자기계발은 지혜와 지식근육을 키우는 것과 같아서 하루아침에 만들어지지 않는다. 지치고 힘들어도 이겨낼 전기를 찾아야 하는 것이 인생이다.

범죄현상을 주로 다루던 범죄학자 제임스 윌슨과 조지 켈링이 1982년에 만든 '깨진 유리창 법칙'이 있다. '깨진 유리창 법칙'은 건물에 깨진 유리창 하나를 방치해 두면 시간이 지날수록 나머지 유리창도 지나던 사람들에 의해 모두 깨지게 된다는 것이다. 건물주가 포기한 건물이라 판단하기 때문이다. 그리고 그 건물에서는 절도나 강력범죄가 발생할 수 있다는 사람들의 심리를 다룬 것이다. 건물만 그런 것이 아니다. 사람도 자신의 소중함과 본질을 망각하고 방치되어 물러나 있으면 언제든지 폐기물 취급을 받을 수 있다. 내가 맡은 일에 주인의식을 가지고, 자신이 주도하여 일하는 방법을 찾으면 직장 생활도 즐거워진다. 지금 하는 일이 미래의 나를 비춰 주는 등대가 되어줄 것이기 때문이다.

삼성의 임직원은 국내 1위만을 생각하지 않는다. 세계 1위를 넘어서 초일류에 도전하는 전략을 구상한다. 관련된 산업의 경쟁력을 면밀히 분석하고 구체적인 계획과 실천에 몰입한다. 1등을 넘어선 도전은 누구도 해보지 못한 것에 대한 도전이다. 기업이든 개인이든 위기의식을 놓아 버리면 무너져 내리는 것은 한순간이다.

나는 삼성에 근무하면서 매년 단 한 번도 위기론을 들어보지 않은 적이 없었다. 한순간의 방심은 나태함으로 이어지고 이류 삼류로 내려가다가 기억에서 사라진다. 앞으로 전진하지 않고 머물기만 해도 마찬가지다. 세상은 급변하고 있다. 4차 산업혁명의 인공지능과 사물인터넷 영향으로 반도체 제품의 호황은 더 세차게 오랫동안 이어갈 것이다. 그에 따른 반도체 후발 주자의 도전도 거대한 파도가 되어 몰려오고 있다. 중국에서는 국가적 차원에서 천문학적인 금액을 반도체에 투자하고 있다. 그러므로 투자와 기술격차 확대에 국내의 기업이나 직원들은 지금보다 더 고삐를 죄어야 한다. 잘나갈 때가 최대 위기다.

'코끼리 사슬 증후군'이 있다. 코끼리를 어렸을 때부터 사슬로 묶어 놓는다. 답답한 마음에 사슬을 끊고자 본능적으로 몸부림쳐 보지만 곧 포기하고 만다. 문제는 어른으로 성장했을 때 나타난다. 평균적으로 어른 코끼리는 5톤 정도의 몸집으로 그 힘이 어마어마하다. 그러나 이미 각인된 사슬을 끊을 수 없다는 한계의 기억으로 사슬을 끊어 버릴 생각조차 못한다. '벼룩 증후군'도 흡사한 양상이다. 벼룩은 1m를 뛰어오른다. 그러나 덮개가 있는 50cm 높이의 상자에 벼룩을 넣어 두면 뛰다가 덮개에 부딪히기를 반복한다. 그 후 벼룩은 상자의 덮개를 치워도 더 이상 1m까지 뛰어오르지 않는다. 반복적으로 부딪힌 상자의 경험 높이에 스스로 한계 장벽을 쳐버린 것이다.

경험에 지배를 받는 것은 사람도 마찬가지다. 경험에 의한 한계점을 만들고 넘어서려는 시도조차 하지 않는다. 보이지 않는 장벽을 만들고 스스로 갇혀서 그것이 전부인 양 살아간다. 잘나가는 동료를 부러워하면서도 내 능력을 벗어난 것이라며 쉽게 포기한다. 능력이나 경험이 충분하여 리더로의 추천을 해도 망설이다가 기회를 놓친다. 자신의 능력을 과소평가한 결과다. 위로 올라갈수록 책임감이 더한 업무가 부여되는데 이를 두려워해서다. 기대에 부응하지 못해 비판을 받을 것 같다는 두려움을 갖는다. 그러나 당신은 자신에게 무한한 가능성이 있음을 믿어야 한다. 한계라는 철창 없는 감옥을 만들어 갇히지 말아야 한다.

두려움을 이겨내려면 '할 수 있어'라는 말을 스스로에게 들려주기 바란다. 당신은 분명히 잘해낼 수 있다. 주인의식으로 무장하고 일을 대하면 의욕이 샘솟는다. 누가 시켜서 하는 일이 아니라 내가 원해서 하는 일이기 때문이다. 시키는 일만 해서는 스트레스에 둘러싸여 일도 건강도 모두 놓치게 된다. 드라이브를 즐기면 천 리 길도 한 걸음이지만 어쩔 수 없이 운전을 한다고 생각하면 백 리도 천 리 길인 것과 같다. 좋아하는 일을 하면 밤을 새워도 지치지 않는다. 나라는 존재만큼 소중한 것은 없다. 그러나 많은 사람들이 나라는 존재를 까맣게 잊고 살아간다. 회사일로 바쁘고 결혼에 따른 부양가족을 챙기느라 다른 생각을 하지 못한다. 오늘도 내 주변의 사람들을 100% 만족시키고자 열심히 뛰기만 한다. 그 속에서 행복을 찾을 수 있으면 그나마 다행이다. 그렇지만 나라는 존재가 행복을 느끼지 못하면 인생은 불행하다. 내가 원하는 인생을 찾아서 행복해져야 가족이 행복해진다. 비어 있는 마음의 황무지에 꽃씨를 뿌리고 가꾸어 자신이 얼마나 소중한 존재인지를 알아가도록 하자. 취직과 동시에 당신에게 발급된 직장면허증은 주인정신이다. 지금부터는 회사의 부속품이 아닌 주인정신으로 살자.

08
동사형
인간이 되라

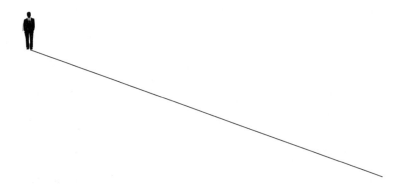

　기후 변화에 따른 여름 자외선은 예년에 비해 훨씬 강해졌다. 내 피부에 작은 알갱이를 만들었다. 병원에서 햇빛 알레르기 진단을 받았다. 몇 해 전부터 여름이면 반복적으로 나타난다. 올해도 벌써 7월이다. 이맘때면 신년에 스스로 약속했던 결의를 다시 생각해 보게 된다. 상사와 동료에게 호언장담 했던 도전 목록을 생각해 보니 지지부진하다. 업무목표는 진척률이 바닥을 기고 있다. 업무 중간중간에 투입되는 상사의 수명업무 때문이라고 핑계를 대보지만 자괴감 섞인 울부짖음에 가깝다.

　상사와 약속한 업무 납기일이 째깍째깍 다가오는 소리에 심장이 멎는 듯 아프다. 자기계발 항목도 다르지 않다. 목표로 했던 어학은

독학을 하겠노라고 했는데 작심삼일이었다. 종합적인 실적 평가까지 3개월밖에 남지 않았다. 이대로 가다가는 영락없는 하위권이다. 마음을 다잡으며 발버둥을 쳐보지만 다음 날이면 언제 그랬냐는 듯 망각 속으로 다시 빠져든다. 이런 유형은 명사형 인간의 전형적인 스타일이다. 명사형 인간은 어떤 일이든 적당히 하려는 사람이다. 막연한 구호를 외치고 슬로건을 내건다. 자신의 약점을 감추려는 행동을 보인다.

부하사원 중에는 팀장에게 올린 결재가 차일피일 지연되어도 찾아가서 결재를 받을 생각을 하지 않는다. 당장 달려가서 내용을 설명 드리고 결재를 받도록 지시해야 겨우 움직인다. 이렇게 적당히 하려는 태도나 상사에게 기대려는 의존성을 보이는 것도 전형적인 명사형 인간이다. 팀장이 즉시 결재를 하지 않는 경우에는 이유가 있다. 보고내용이 상세하게 이해가 되지 않아서 설명을 필요로 하기 때문이다. 그런데 마냥 기다리면 어떤 일이 벌어질까? 생각만 해도 아찔하다.

업무 추진은 명사형 인간이 아닌 동사형 인간이 되어야 한다. 동사형 인간은 일에 대한 소명의식을 가지고 있으며 실행 중심이다. 주어진 과제를 잘게 쪼개어 행동하기 쉽게 만들고 즉시 뛰어든다. 각 항목의 일정과 시간까지 구체적으로 기록하고 실행한다.

나는 아이의 진로를 잡아 주고자 중학교 때부터 꿈이 무엇인지 물어 보았다. 그때마다 "응 나는 이화여대 아니면 하버드대에 진학할

거야."라는 답변이 돌아왔다. 구체적인 방법을 종이에 써서 달라고 했으나 열심히 하겠다고만 했다. 생각해 보면 실행력에 문제가 있었다. 구체적인 계획이 없는 명사형 인간의 패턴이다. 안타까운 마음에 차근차근 설명을 했었다.

그 후 공부보다는 요리에 취미가 있다는 걸 알 수 있었고 진로를 정할 수 있었다. 아이 스스로 대학 진학을 요리학과로 정하고 구체적인 계획을 수립했다. 학교에서의 특별 활동은 요리에 중점을 두었다. TV에서 유명세를 떨치던 이연복 셰프의 요리 특강에도 참여할 수 있었다. 지금은 대학 진학에 성공하여 전문 요리사의 꿈을 키워 나가고 있다.

성공에 이르는 가장 빠른 길은 기본에 충실해야 하는 것이다. 신입사원 때는 '일단 해 보자'에 초점을 맞춰야 한다. 무작정하기보다는 상사의 업무 지시를 받을 때부터 명확하게 받는다. 직장일이란 것이 신입사원 때는 생소하게 느껴질 때가 많다. 익숙하지 않아서 듣고 돌아서면 잊어버리기 다반사다. 헛수고를 줄이려면 매번 수첩에 기록해야 한다. 상사가 부를 때 지켜야 할 7가지 접수 원칙은 다음과 같다.

첫째, 상사의 부름에 시원하게 답변을 한다.
둘째, 펜과 업무수첩을 챙긴다.
셋째, 상사의 업무지시 사항을 노트에 적는다. 적는 방법은 5W

2H다. 누가, 언제, 어디서, 무엇을, 왜, 어떻게, 얼마나의 순으로 요약한다.

넷째, 이해가 안 된 부분은 재차 질문하여 확인하고 기록한다.

다섯째, 지시받은 업무에 대해 맞는지 다시 확인을 받는다.

여섯째, 어려운 점이 있으면 상사에게 자문을 구한다.

일곱째, 마무리는 '감사합니다'로 인사를 한다. 하기 싫은 일을 시켰다고 뒤돌아서 불평불만을 갖지 않는다.

'노력하면 불가능도 이루어진다.' 힘들고 어려울 때 내 마음에게 속삭이는 말이다. 나는 중학교 3학년 때 강원도 두메산골 태백에서 서울의 달동네로 이사를 했다. 서울만 가면 나도 멋지게 잘살 수 있을 거라 생각했다. 그러나 서울 생활은 그렇게 만만한 곳이 아니었다. 하루하루가 전쟁 같은 삶이 나를 기다리고 있었다. 월세와 세 끼 식사를 걱정할 정도로 우리 집은 가난했다. 가끔은 학업과 아르바이트를 병행하는 것이 힘들어 포기하고도 싶었다. 이 난관을 벗어나려면 빨리 취직하여 많은 돈을 벌어야 했다.

고등학교에 입학하면서 대기업 입사를 목표로 잡았다. 성적이 상위권에 들어야 원서를 쓸 기회가 온다고 했다. 집에서는 공부할 엄두를 내지 못했다. 방 한 칸에 네 식구가 살고 있어서 책을 본다는 것이 불가능했다. 학교 수업시작 1시간 전에 도착하여 복습을 했다. 하느님이 보우하사 고등학교 3학년이 끝나갈 무렵 삼성그룹 공채에 지원하여 합격했다.

삼성반도체로 입사하여 처음 1년은 운반 작업 등의 허드렛일과 제품 생산 작업에 투입되었다. 1년이 지나서 설비 엔지니어를 맡게 되었다. 업무능력 배양을 위해 설비 매뉴얼과 어학 공부에 집중했다. 그리고 설비 유지보수에 대한 나만의 비법을 만들기로 했다. 한 분야의 장인은 소리만 듣고도 원인을 밝혀내 해결한다고 한다. 나는 설비를 사전 진단하는 방법으로 오감을 적용해 보기로 했다. 설비가 정상 동작할 때와 문제가 생기기 직전의 상태를 오감의 기억과 기록으로 남기는 작업이었다.

청각으로는 설비를 구동시키는 모터가 고장발생 전에 내는 소리를 기억해 두었다. 손끝으로는 설비의 진동 크기와 열기를 감지하는 방법을 택했다. 눈으로는 각종 게이지의 위치 변화를 읽었다. 그리고 설비에서 풍기는 냄새를 맡았다. 종합하면 문제없이 정상 동작할 때와 조금이라도 다른 증상이 없는지 오감을 활용하여 찾아내는 것이었다.

반복적인 연습으로 고장 징후를 사전에 알아내는 것이 거의 정확하게 맞아 떨어졌다. 얼마 뒤 설비 파트장의 역할이 주어졌다. 나는 매일 업무시작 1시간 전에 출근하여 현장에 들어가 설비의 상태를 오감으로 점검하여 후배들에게 예방조치를 하도록 했다. 예방조치에 소요되는 공수는 설비의 고장 발생 이후에 들어가는 공수에 비해 50~60%가 감소되는 효과를 보였다. 설비생산성은 10% 이상 증가되었다.

오감에는 시각, 청각, 촉각, 후각, 미각이 있다. 시각으로는 기름이나 에어(Air) 등의 Gauge 눈금을 점검하여 열화 등을 판단한다. 청각은 기계의 이상발생음이나 에어의 누설 여부를 귀로 듣고 찾아낼 수 있다. 촉각으로는 설비의 발열이나 진동상태 등을 손바닥을 통한 접촉으로 판단하는 것이다. 후각으로는 과열로 인한 타는 냄새 등을 맡아서 이상 여부를 찾아낸다. 오감 중에서 시각과 촉각은 내가 가장 애용하는 감각이다.

사무실에 앉아서 말로만 하는 업무는 실행력이 제로다. 오감은 현장에서 발품을 팔아야 익혀진다. 이론과 실습이 양적으로 팽창하면 장인의 길로 접어든다. 지시만 받는 업무 형태에서 벗어나 스스로 추진한 업무에 애정이 가득 담긴다. 직장에서 잘나가는 사원은 현장을 제집처럼 드나든다. 현장의 소리 없는 부름을 외면하지 않는 동사형 인간으로 살아간다.

4장

회사가 아닌
나 자신을 위한
자기계발을 하라

01
회사는 나에게
무엇을 원할까

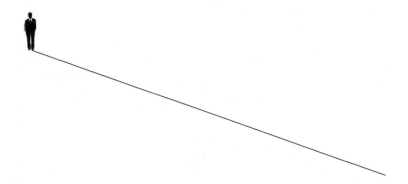

　각 대기업에서 신입사원 면접 시 요구되는 인재상은 다음과 같다. 삼성그룹은 몰입과 창조 그리고 소통이 잘되는 창조적인 신입을 선발한다. SK는 자기분야에서 최고가 될 수 있는 자질의 인력을 구한다. 밖에서 보기에 회사란 대충 굴러가는 것처럼 생각되지만 크고 작은 연속적인 혁신에 목숨을 건다. 당장은 아니더라도 선배의 자리에 도달했을 때 책임감을 가지고 선배의 업무 역할을 해낼 수 있어야 한다. 무엇이 필요한지 찾아서 지금부터 준비해야 한다. '나는 무엇이든지 할 수 있어. 반드시 이루어낸다.'라는 긍정 마인드로 자신을 셋팅해야 한다. 내가 수많은 고비를 이겨낼 수 있었던 신념이기도 하다. 건강한 육체에 건강한 정신이 깃든다.

생산적으로 일하는 법을 터득하고 프로세스를 구축해야 한다. 회사 업무 중 발생되는 문제를 해결하는 방법으로 '브레인스토밍'이 있다. 한 사람의 아이디어에 국한되어 추진될 때의 문제를 개선하기 위해 다수의 아이디어를 취하는 방식이다. 운영의 묘는 어떤 의견에도 비판을 금지시키는 것이다. 자유분방하고 엉뚱한 아이디어를 제안해도 전부 수용하도록 한다. 누구나 아이디어를 자유롭게 풀어낼 수 있다는 장점이 있다. 그러나 단점도 존재한다. 자신의 제안에 비판이라도 하면 어쩌나 하는 두려움에 말을 못하는 동료가 생긴다. 내성적인 동료는 입을 다물어 버려서 소수의 의견이 전부인 것처럼 결정되어 버리는 것이다.

브레인스토밍의 단점을 보완한 것이 '브레인라이팅'이다. 말 그대로 A4 용지에 자유롭게 적는 것이다. 원형으로 둘러앉아 개인별로 한 장의 종이에 6개의 아이디어를 쓰도록 한다. 중요한 것은 무기명 운영이다. 회당 3~5분의 시간을 배분하고 나서 왼쪽의 참가자에게 전달하도록 한다. 그리고 각 참가자는 앞쪽 참가자에게서 전달되어 온 아이디어를 보고 발전시킬 내용을 더한다. 추가할 사항이 없으면 새로운 아이디어를 적는다. 한 바퀴를 돌고 나면 각 참가자는 평가를 통해 괜찮은 아이디어를 5개씩 뽑아낸다. 선택된 아이디어는 소수의 평가자를 통해 우수 아이디어를 최종 분류해 낸다. 이 방법은 구성원 전원 참여의 장점을 가지고 있다.

두 가지 방식 모두 오래된 방법이라고 우습게 여겨선 안 된다. 언제든지 사용해도 좋을 아주 유용한 방법이다. 30년 회사 경험으로 볼 때, 토론을 통한 문제 해결법으로 가장 우수하다. 추천하는 문제 해결 법칙 3가지는 다음과 같다.

첫째, 어려운 기법은 시간만 잡아먹는 하마와 같으니 제외한다.

둘째, 어떤 일이든 우선 처리해야 할 업무를 결정해야 한다. 여러 문제가 산재하여 겹쳐 있으면 Worst 파레토 도를 적극 활용하여 우선 해결할 대상을 선정한다.

셋째, 브레인스토밍, 브레인라이팅 기법은 다양한 문제에 대해 아이디어를 빠르게 도출해 낼 수 있으므로 적극 권장한다.

6시그마, 트리즈, 창의적 문제해결 기법 등의 프로세스와 기법을 배우면 업무에 크게 쓰인다. 문제해결 기법들은 직장 업무에서만 한정하여 활용되는 것이 아니다. 직장을 떠나서 식당운영, 보험영업, 카페, 편의점, 꽃집, 이삿짐센터, 1인 창업 등 어떤 종류의 창업과 영업에도 통하는 기법이다. 단 뇌의 융합작용을 통한 오랜 지식과 경험, 지혜 그리고 창의성을 끄집어낼 수 있어야 한다. 10년 이상 꾸준한 수련이 되어 있으면 가능하다.

뇌 융합작용을 일으키려면 어떻게 해야 할까? 다양한 경험이 답이다. 사람의 뇌는 경험과 지식을 섞어서 새로운 것을 창출하는 마법을 선보인다. 우리가 살면서 많은 경험을 한다고는 하지만 극히 제한적일 뿐이다. 여행이나 책을 통한 간접경험이 누적되었을 때 새로운 세상이 보인다. 한 권의 책은 한 사람의 인생 경험과 전문적인 지식을 통째로 내어 준다. 이렇게 다양한 분야의 지식을 축적하면 뇌에서는 전혀 다른 새로운 지혜를 창조해 낸다. 이는 〈뇌 융합 창조의 법칙〉이 가동되었기 때문이다.

결과는 충격적이었다. 인간과 기계의 대결은 세계의 이목을 한 곳으로 집중시켰다. 대회가 시작되기 전에만 해도 정교한 바둑 게임에서 인공지능이 인간의 아성을 넘지 못한다는 것이 지배적이었다. 그러나 알파고가 이세돌 9단을 넘어 4대 1로 대승했다. 21세기 들어 가장 충격적인 뉴스였다. 구글의 자회사인 딥 마인드가 개발한 바둑 프로그램 알파고가 새로운 세상을 선보인 것이다.

이 시합을 보면서 미래 공상과학 영화인 아놀드 슈워제네거의 터미네이터가 머릿속을 스친다. 빠르게 커 가는 인공지능 산업이 미래에 어떤 영향을 미치게 될지는 예측불가다. 인공지능이 인간의 일을 대체하면 전문직 종사자의 일자리는 급격하게 감소할 것이다. 세상에 없던 새로운 시대를 준비해야 한다.

1차 산업혁명은 증기기관을 통한 기계적 혁명이었다. 노동자가 생겨나고 생산력이 증가하여 풍부한 물자가 공급되었다. 2차 산업혁명은 전기 혁명이자 제품의 대량생산 시대였다. 에디슨을 포함한 위대한 발명가들에 의해 전기를 이용한 각종 삶의 질을 바꾸는 장치가 개발되었다. 조명과 라디오 그리고 세탁기 같은 편리한 생활용품이 사람들의 필수품으로 자리 잡았다. 빨래에 많은 시간을 할애하던 여성들은 세탁기의 출현으로 가사노동에서 벗어나 사회로의 진출이 증가하기 시작했다. 3차 산업혁명은 인터넷 혁명이었다. 컴퓨터의 활용을 통한 생산과 소비유통의 자동화가 이루어졌다. 음악 CD와 같은 물건은 사라지고 디지털을 통해 유통되었다. 대량으로 제품을 생산하고 홍보를 통해 고객이 사도록 부추겼다.

4차 산업혁명은 사물인터넷 혁명이다. 기계와 제품이 지능을 갖는다. 주요하게 사용될 부품은 반도체 집적 메모리와 시스템 엘에스아이 등이다. 인터넷과 연결되어 스스로 학습하는 기능을 갖는다. 사물인터넷을 통해 빅 데이터가 형성되고 인공지능이 이를 분석하여 대책을 수립한다. 인공지능은 디지털 생명체화가 된다. 인공지능 활용을 통해 고객 지향적 생산으로 소비자가 왕이 되는 시대로 바뀐다. 기업은 대량 생산을 통한 판매에서 소비자의 구매 패턴을 분석하여 필요한 만큼만 생산한다. 대형마트에서는 고객이 원하는 것을 사전에 분석하여 필요한 만큼 준비한다.

새로운 세상에는 어떤 직업이 유망할까? 정확한 예측은 불가능하다. 다만 인간의 노동시간이 줄어들 것은 자명하므로 여가문화와 관련된 직업을 꼽을 수 있다. 놀이와 여행, 예술과 같은 잘 노는 문화의 형성이라는 점이다. 이제는 자신이 가장 잘하면서 진짜 원하는 일을 해야 한다. 의학과 의술이 첨단을 달리며 수명 100세 시대에 들어섰다. 미래의 목표가 분명하지 않으면 애매한 인생을 살게 될지 모른다. 직장의 목표와 인생의 목표를 만들어 답안지를 채워 나가라. 목표를 뚜렷하게 설정하면 신바람 나는 직장 생활이 만들어진다. 그것이 회사가 당신에게 원하는 것이다.

02
잘나가는 그에겐
특별한 비밀이 있다

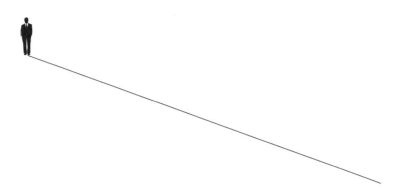

"승진을 축하합니다. 이○○ 과장님."

"고맙습니다. 김○○ 대리님 덕분에 승진했네요."

"승진 대상이 되려면 1년 더 남지 않았었나요?"

"황송하게도 특진을 했습니다."

"우와~, 대단합니다. 비결 좀 전수해 주세요?"

"음…."

"점심 사겠습니다."

직장에서는 승진만큼 기쁜 일이 없다. 동료가 특진을 했다. 축하
의 메일을 보내면서 많은 생각을 했다. 어떤 방법으로 일하면 상위

3%에게 부여되는 특진을 할 수 있을까? 어떤 비밀이 있을까? 겉으로 보기에는 잘나가는 사람들에게 특별함이 보이지 않는다. 점심 식사를 하면서 대화를 나눠 보니 업무 열정의 강도가 남다르다. 테크닉의 차이가 아닌 일에 대한 열정에 차이가 있었던 것이다. '이 정도면 잘 하고 있어'에 머물지 않는다고 했다. 같은 일을 하면서도 열정에 기름까지 부어 가며 진행한다.

성공과 실패는 종이 한 장 차이라는 말이 피부에 와 닿는다. 스피노자는 "내일 지구가 멸망해도 나는 오늘 한 그루의 사과나무를 심겠다."고 말했다. 내 마음을 깨워 준 멋진 문구다. 회사에서 특진의 영예를 누리려면 이러한 사고방식으로 일해야 하지 않을까? 누구에게나 성공의 기회는 주어진다. 그러나 그 기회를 잡는 사람은 극히 드물다. 평소 긍정적인 정신과 마음근육을 키워낸 사람만이 가능할 것으로 본다.

적당한 스트레스는 약이 되지만 지나치면 독이 된다. 열심히 일한 후에는 차 한 잔과 더불어 5분이라도 휴식을 갖도록 한다. 뇌를 잠시 식혀 주는 것과 동시에 몸의 긴장을 풀어 준다. 지속적인 정신과 육체적 긴장은 업무효율에도 마이너스 요인을 가져온다. 인간은 긴장이 풀리고 안정된 상태일 때 최대 능력을 발휘한다. 화장실에 갔을 때 창의적인 아이디어나 문제의 해결안이 떠오르는 이유다.

어떤 사람은 기억력이 좋아서 메모가 필요 없다고 한다. 한번 들은 말이나 떠오른 생각은 절대 잊어버리지 않는다고 한다. 그러나 뇌를 비우는 원리를 모르거나 메모가 귀찮기 때문이다. 기록된 메모는 업무 성과와 직결되는 효자와 같다.

　일과 시작 전에 업무노트의 메모 확인과 컴퓨터를 통해 업무 메일을 확인한다. 긴급성과 중요성을 감안하여 오늘 할 일을 체크하여 프로그램 일정표에 붙여 넣는다. 한 가지 일이 끝날 때마다 완료 표시를 해둔다. 퇴근 전에는 오늘 한 일에 대해 업무수첩에도 요약하여 둔다. 이 방법은 중요 업무를 빠트리는 실수를 줄인다. 어떤 일을 해야 하는지 어떤 회의를 가야 하는지 찾게 되는 낭비 시간도 줄어든다. 효과적인 업무를 통해 정시 퇴근과 함께 자기계발이 가능토록 하는 이상적인 방법이다. 또한 포스트잇 메모지를 활용하는 방법도 좋다. 중요 메모를 적어서 컴퓨터에 붙여 놓기 수월하다. 책을 읽을 때는 북마크로도 활용한다.

　시간은 누구에게나 평등하게 주어지지만 어떤 사람은 하루를 28시간으로 살아간다. 비밀은 아침시간의 활용에 숨어 있다. 아침 시간은 낮 시간보다 3배의 집중력이 발휘되기 때문이다. 대부분의 성공한 사람들은 아침형 인간이다. 내가 사는 아파트에는 참새가 유난히 많다. 아침에 듣는 재잘거림은 행복한 마음을 부른다. 나는 출근 전 2시간은 책을 읽거나 글을 쓴다. 친한 지인 중 한 분은 매일 새벽에 일어나 공인중개사 시험을 대비 중이라고 했다. 그 후 2년쯤 지나자 퇴직인사를 보내왔다. 꾸준한 아침시간 활용으로 시험에 합격했으며 자신만의 인생을 찾아 살아가겠다는 것이었다. 앞길이 창창한 당신도 아침시간을 전문서적에 할애하여 개인능력 향상에 주안점을 두면 어떨까?

업무를 시작하기 전에 예측되는 결과물의 성과는 숫자로 표현하는 것이 좋다. 그리고 끝까지 마무리하는 습관을 지녀야 한다. 일이 뜻대로 되지 않는다고 포기하면 어떤 결과에도 도달하지 못한다. 나는 100m를 15초에 뛴다. 느린 편이다. 그러나 브라질 리우 올림픽 출전 선수들보다 불과 몇 초 차이밖에 나지 않는다. 그러나 몇 초의 시간은 엄청난 결과를 만들어 낸다. 선수들 간에는 0.01초에 승자와 패자가 갈린다. 직장인은 끊임없는 노력과 창조적인 업무 발상에 주력해야 한다. 요즘은 발명품 하나로도 몇 십억 원의 보상금을 손에 쥘 수 있다.

우리 몸은 화학적 반응계를 통해 간절히 원하는 것을 이루어 내도록 하는 신비한 힘이 있다. 좋은 운을 만들어 내는 것이다. 일을 잘하는 사람이나 운동을 잘하는 사람은 '나는 할 수 있다.'라는 긍정적인 언어와 좋은 기분을 유지하고 있다. 그래서 운이 더 따르고 원하는 것에 더 가까이 다가간다. 그러나 매번 잘하는 것은 아니다. 실패라는 계단을 하나씩 밟아 올라가야 할 때가 더 많다. 실패의 두려움은 벗어던지고 원하는 것을 성취하려는 무한노력이 요구될 때가 많다. 몰입의 정도에 따라 우리 몸은 신비한 힘을 발휘한다. 좋은 운은 도전하는 사람을 따른다.

그는 젊은 시절부터 세계 최고의 보디빌더를 꿈꾸었다고 한다. 팔이 아파서 머리조차 빗지 못할 정도로 운동을 했다고 한다. 1968년 9월 그는 미국의 보디빌딩 대회에 참가하였으나 패하고 만다. 그러나 좌절하지 않고 왜 패했는지를 분석하여 약점을 찾았다. 그리고 약점인 종아리 근육을 보완한다. 그 후 13차례에 걸쳐 세계 최고의 보디빌더 챔피언이 되었다. 가장 권위 있는 미스터 올림피아에서도 8승을 거두었다. 그리고 새로운 목표를 세워 할리우드 최고의 영화배우에 도전했다. 영어 발음을 교정하며 연기교습을 받고 할리우드 액션배우로 자리 잡는다. 그 후 영화 〈터미네이터〉, 〈트윈스〉를 통해 슈퍼스타 반열에 올랐다. 그의 또 다른 꿈은 정치를 향했으며 캘리포니아 주지사에 당선되는 쾌거를 만들었다. 우람한 근육질의 남자인 그는 아놀드 슈워제네거였다. 내 인생에 가장 강렬하게 남은 영화는 〈터미네이터〉였다. 영화 시작부에 우람한 근육질의 남자가 미래에서 과거로 타임머신을 통해 나타나는 모습에 탄성이 나왔다. 이후 〈터미네이터〉 시리즈가 개봉되면 나는 즉시 영화관으로 달려갔다.

시간은 누구에게나 똑같이 주어진다. 활용하는 사람과 방법에 따라 하루 24시간은 다르게 적용된다. 당신은 어떤 유형인가? 퇴근과 동시에 쇼파에 누워 TV와 친목계를 하고 있지 않은가? 세상 돌아가는 상황을 알아야 한다며, 하루에 몇 시간씩 뉴스 검색에 천금 같은 시간을 낭비하고 있지 않은가? 지나간 시간은 타임머신을 타지 않는 한 과거에 묻힌다. 잘나가는 동료의 비밀무기는 열정에 기름을 부어가며 한 발짝 더 뛰고 있음을 알아야 한다.

(자기계발 + 성과 창출 공식) × 투자시간 = 잘나가는 사원의 비밀

03
성과를 내는
자기계발에 집중하라

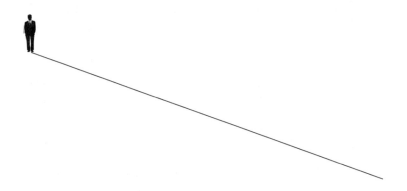

"김 대리, 잠깐 평가 면담 좀 합시다."

"예, 알겠습니다."

올해는 열심히 했으니 좋은 평가가 나올 것이라는 기대에 속으로 쾌재를 불렀다.

"이번 평가는 기본 등급이네. 열심히는 해 주었지만, 성과가 따라 주지 않아서 말이야!"

"네? 네⋯."

맑고 파란 하늘이 일순간 잿빛으로 변해 가고 있었다.

회사에서는 열심히도 중요하지만 성과가 뒷받침되지 않으면 골치 아픈 사원으로 생각될 수 있다. 문제에 대한 접근법의 실수는 개선이 아닌 개악이 되는 상황으로 펼쳐진다. 개악이란 개선 성과가 나오지 않거나 더 많은 문제를 만들어 내는 상황이다. 개악이 되면 또 다른 개선을 엎어서 문제를 해결해야 하는 이중투자를 만든다.

성과를 내는 자기계발은 어떻게 해야 할까? 누군가 나에게 질문하면 이렇게 답한다. "먼저 창의성 연관 서적을 탐독하여 성과 창출의 기본지식을 쌓으세요." 현대인은 바쁜 하루를 보내느라 책을 읽는다는 것은 엄두조차 내지 않는다. 평생을 하루살이처럼 하루만 보고 살아간다. 하루살이의 틀을 깨는 가장 빠른 방법은 책을 접하는 것이다. 비즈니스 서적이나 각종 실용서적을 통해 가능한 넓은 시야를 확보해야 한다.

인간은 습관의 동물이다. 책과 가까이하는 습관은 당신의 지혜와 능력을 한층 높여서 성과 창출의 신으로 만든다. 요즘은 인터넷을 통해 알고 싶은 정보들을 바로 구할 수 있다. 그러나 이런 정보는 당신의 의식을 확장시켜 주거나 가치창출의 기초로 작용하지 않는다. 업무에 대한 전문 서적도 좋지만 성공가의 자기계발 도서를 통해 잠재된 자신을 깨우는 것도 중요하다. 좋은 책은 한 번이 아니라 여러 번 읽는 것이 좋다. 읽을 때마다 업그레이드된 경험을 만난다. 매달 일정한 양의 독서 습관은 당신에게 빛나는 진주를 선물하는 것과 같다.

신의 영역이라 불리는 히말라야 해발 8,000m에서는 환각과 환청 증세가 나타났다. 산소는 해수면의 30% 수준이며 평균기온이 영하 30도를 넘는다. 한 걸음씩 걸을 때마다 3분 이상의 거친 숨을 몰아쉬어야 또 한 발을 걸을 수 있었다. 당연히 체력은 급격하게 고갈되었다. 하지만 강한 도전정신과 실행력, 자기암시를 통해 등반에 성공할 수 있었다. 그리고 아시아 최초로 히말라야 8,000m급 14좌 등반에 성공했다. 신의 영역을 접수한 그는 산악 한국인 엄홍길 등반대장이다. 그의 성공 비결은 자기암시에 있었다.

<u>성과를 내고자 하면 꾸준한 자기계발에 자기암시가 덧붙여져야 한다. 당신의 배고픔보다 영혼의 갈증을 해소시켜야 한다.</u> 보편적인 생각만으로는 단 하나도 이루기 힘들다. 간절히 원하는 목표를 설정하고 잘게 쪼개어 종이에 적는다. 회사일이 바쁘고 삶이 힘들수록 목표에 대한 갈망은 사라진다. 그때마다 종이 위에 써놓은 목표를 읽으면 재충전이 빵빵하게 될 것이다. 외모나 태어난 가정환경이 당신을 지배하게 내버려둘 수는 없다. 당신의 꿈과 목표만이 당신을 지배한다. 목표를 세우고 행동을 개시하면 하루하루가 즐겁다. 삶에 활력을 주는 원천이다. 목표가 없으면 자신도 모르게 곁가지로 빠져 의미 없는 인생을 살게 된다.

나는 서울의 달동네 신림동에서 학창 시절을 보냈다. 방 한 칸의 월세에 네 식구가 살았다. 함께 누우면 다리를 구부려야 잘 수 있었다. 나는 학교를 다니며 돈이 되는 아르바이트는 무엇이든 했다. 연탄 배달은 기본이었고 몸에 축적되면 해롭다는 납 연기 가득한 지

하실에서 워키토키 무전기를 만들기도 했다. 중소기업 물류창고의 높은 곳에 안전장치도 없이 줄사다리를 타고 올라가 자동문 모터와 전장보드를 설치하는 일을 했다. 그럼에도 쌀이 떨어져 외상을 밥 먹듯이 했지만 '미래의 나는 성공할 수 있다.'는 자기암시를 통해 버틸 수 있었다. 그렇게 힘들었던 경험은 더 강력하고 굳건한 나를 만들었다.

성공한 사람의 대부분은 실패 속에서 실패하지 않는 방법을 연구한다. 한 번의 실패도 대충 넘기지 않고 철저하게 원인을 분석하고 파헤쳐서 재기의 발판으로 삼는다. 성공할 수 있다는 자신감과 확신을 만드는 것이다. 회사가 원하는 성과를 내는 사람은 다음과 같다.

첫째, 상사는 나에게 최고의 고객임을 잊지 않는다.

둘째, 내 일만 잘하는 것이 아니라 부서와 상위의 팀에까지 목표를 맞추어 일한다.

셋째, 눈앞의 성과에 연연하지 않고 회사의 중기적 목표에 맞추어 일한다.

넷째, 일을 시작하면 반드시 성과를 낸다.

다섯째, 함께 일하는 동료와 소통을 잘하며 토론을 즐긴다.

성과를 만들려면 새로운 지식에 대한 목마름에 응답할 줄 알아야 한다. 5년차 이상이 되면 자신의 경험으로만 업무를 판단하는 실수를 종종하게 된다. 경험을 앞세워 발전되는 기술 지식을 탐하지 않는 것이다. 나는 설비관리와 성과 창출에 유용한 방법론을 나름대로 정립하고 추구했다. 다음의 4가지와 같다.

첫째, 닦고 조이고 기름칠하자는 전통적인 기본 설비관리 3단계다. 여기에 업그레이드 방식은 블록의 위치 표시와 수명부품의 교체, 로봇 틀어짐의 조정 주기를 반영한 것이다. 다시 말해 '닦고, 조이고, 기름칠하고, 표시하고, 교체하고, 조정하자'는 6단계다.

둘째, 설비 개선에 대한 5A를 지향한다. Auto Machine Cleaning(자동 청소), Auto Machine Retry(자동 재시도), Auto Machine Conversion(자동 품종교체), Auto Machine Teaching(자동 위치조정), Auto Machine Preventive Maintenance(자동 예방보전)이다. 그리고 5A 관점의 아이디어를 성과 창출로 연결한다.

셋째, 설비의 동작 사이클은 최대로 한다. 스피드를 올리면 진동으로 인해 제품 생산에 애로사항이 생긴다. 설비 진동을 잡기 위해 앙카(Anchor, 배를 정박할 때 쓰는 닻)를 박는다. 그리고 설비 스피드를 최대에서 조금씩 낮추어 가며 정상적인 생산이 가능한 지점을 찾아낸다. 이 방법은 설비의 생산성을 가장 손쉽게 증대시킨다. 물론 설비 사이클이 빨라지면 소소한 문제가 나타나는데 단계별로 해결해 가면 된다.

넷째, 설비의 로스시간은 제로를 지양해야 한다. 고장 데이터를 누적하여 예방보전으로 연결한다. 예방보전 시간도 손실이므로 최적화를 한다. 최적화된 예방보전은 설비 정지 없이 자동으로 보전이 이루어지는 것이다. 자동 예방보전은 제품을 생산하는 중에 정지가 없는 유토피아 설비의 구현이다. 실제 일부 아이디어 테마를 적용한 결과 가능성이 확인되었다.

매일 운동을 하는 사람의 뇌에서는 세로토닌이 분비된다. 세로토닌은 기분을 좋게 만드는 물질로 쾌감을 만든다. 목표를 향한 지식근육 단련에도 세로토닌이 분비된다. 그로 인해 새로운 성과 창출 도전에 대한 두려움이 없어진다. 성과란 '금 나와라 뚝딱!' 도깨비 방망이를 두드려서 나오는 것이 아니다. 자기계발에 집중하면 성과는 선물처럼 따라온다.

04
자기계발은
자기 마케팅이다

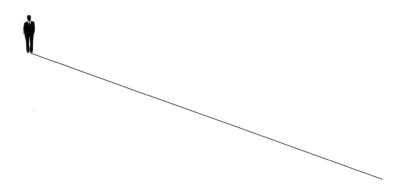

　직장 생활을 하다 보면 각종 모임에 참석하게 되는데 신입사원이나 전배사원은 좋든 싫든 자기소개와 건배사를 해야 할 상황이 생긴다. 이때 임기응변식 대응은 실수를 만든다. 평소에 30초 정도 자기소개를 준비해 두는 것이 좋다. 맡은 업무와 참석소감 및 각오 정도를 간단히 소개하면 된다. 자기소개는 자기 마케팅의 시발점이다. 자신의 사례를 넣어 재미있게 꾸민다면 금상첨화다.

　"저는 OO부서에서 설비엔지니어 업무를 맡고 있습니다. 기혼이며 귀여운 아들과 딸이 있습니다. 취미는 수영이지만 운동신경이 부족하여 두 달이나 물에 뜨고자 악전고투 했었습니다. 느리지만 끊임없이 연습하여 지금은 물개라는 별명을 가지고 있습니다. 이처럼 어떤 어려운 일도 끈기 있게 처리하여 회사와 팀에 기여하는 인재가 되겠습니다."라는 정도면 충분하다.

지금은 자기 마케팅 시대다. 회사와의 관계, 동료와의 관계, 연인과의 관계 등 모든 것이 셀프 마케팅으로 이루어진다. 배움은 인생을 풍요롭게 만든다. 직접 경험하지 않으면 절대 알 수 없는 신세계가 열린다.

친한 후배는 업무외적인 능력이 있었다. 자기계발을 통해 레크리에이션 1급 자격을 가지고 있었다. 그는 회사 내 크고 작은 행사에서 두각을 나타내었고 전문 사회자로 인정받아 칭찬이 자자했다.

다른 동료는 입사 때부터 꾸준히 테니스를 배웠다. 운동으로 다져진 건강미와 수준급 실력으로 부러움의 대상이 되었다. 각종 테니스 대회에 참석하여 이름을 알린다. 남과 다른 자기계발을 통해 사람들의 주목을 받는다. 기분 좋은 자기계발로 직장업무 중에 발생되는 스트레스를 줄이고 부서 내 테니스 강사로 활동하여 인기가 높다. 건강과 스트레스를 동시에 해결하는 자신만의 운동을 인생의 동반자로 삼아 활력 넘치는 삶을 산다.

그러나 자기계발에 관심이 없는 대부분의 직장인은 스트레스를 풀기 위해 퇴근 후 술과 씨름을 한다. 상사에게 꾸지람을 듣거나 동료와 다툼이라도 있는 날이면 스트레스 증가로 과음을 일삼는다. 그리고 다음 날 지각을 하거나 숙취로 오전업무 마비는 기본이다. 이런 상황을 좋게 보는 상사가 있을까? 몸 버리고 일 못하는 사원으로 오점을 남긴다. 승진 대상에서의 누락은 불을 보듯 훤하다.

어떤 일이나 취미를 하려면 몰입을 해야 하는 것이 기본이다. 몰입하지 않으면 작심삼일이란 말을 실감하게 된다. 몰입에 대해 황농문 저자는 저서《몰입》을 통해 다음과 같이 말했다.

"인간은 대뇌신피질을 가지고 있기 때문에 A10 신경을 통해 쾌감을 얻을 수 있다. 사고방식에 따라 이 신경을 자유롭게 조절할 수도 있다. 몰입에 의한 쾌감은 바로 이 A10 신경이 몰입적인 사고에 의하여 자극을 받기 때문에 발생하는 것이라고 한다. 전두연합령 부근에 있는 신경은 도파민의 자가 수용체가 없어서 마이너스 피드백이 없기 때문에 도파민 과잉 상태를 유지할 수 있다고 알려져 있다. 이 때문에 몰입 상태에서 지속적인 쾌감을 경험할 수 있다."

한 가지 목표에 대한 몰입의 과정이 있으면, 다른 일을 추진함에 있어서도 몰입의 연쇄반응을 일으킨다. 업무의 몰입은 열정을 일으키고 성과를 배가 시킨다. 자기계발의 몰입 또한 자존감 상승과 추월 인생을 만들어낸다. 재능보다 더 무서운 것이 몰입이기 때문이다.

대중교통을 이용할 때 책을 보는 사람이 몇 명이나 있을까? 문득 궁금해졌다. 주말 저녁 7시 2호선 전철에 몸을 실었다. 전철 한 칸에 앉거나 서있는 사람 모두를 합쳐보니 84명이었다. 그 중에서 책을 읽는 사람은 나를 포함해 3명이었다. 계산상 약 4%의 사람들이 책을 읽는 것이다. 물론 스마트폰으로 전자책을 보는 사람도 있을지도 모른다. 중요한 것은 책을 가까이하는 사람과 반대의 사람 중에 누가 직장에서 추월차선을 타고 더 잘나갈 것인가이다.

5년이나 10년 후 당신이 지금 상사의 자리에 오른다면 잘 해낼 수 있겠는가? 구체적으로 무엇을, 어떻게 해야 하는지 질문하고 고민해 봐야 하지 않을까? 누구나 회사에서 잘나가는 인재가 되고 싶어 한다. 《논어》에서 "무엇을 아는 것은 좋아하는 것만 못하고 좋아하는 것은 즐기는 것만 못하다"고 했다. 남보다 뒤쳐져 가면 스트레스에 시달리지만 자신의 직업을 좋아하고 즐기면 한 발 앞서가는 잘나가는 인재가 된다.

자기계발을 하지 않는 사람은 꿈에 다가갈 수 없다. 한 분야의 책 100권을 읽고 내 것으로 만들면 전문가적인 식견을 겸비하게 된다. 경험으로 볼 때 100권만 돌파하면 웬만한 사내 강사로 뛰는 데 지장이 없다. 업무적으로도 <u>전공서적 100권 돌파에 도전하는 것만큼 제대로 된 자기계발은 없다고 본다. 300권을 독파하면 초고수가 된다. 만 권을 돌파하면 공중부양을 하는 천상천하 유아독존의 고수로 올라선다.</u> 내가 책에 집중하는 이유는 간접경험을 쌓기 위해서다. 경험 없는 도전은 잘못된 길을 선택하는 오류로 인해 난관에 봉착할 수 있다. 저 산을 올라야 했는데 이 산을 올랐다면 어떤 기분이 들까? 잘못된 길을 되돌리려면 두 배 이상의 정력과 시간이 소모된다. 모든 것을 직접 나서서 체험하고 통달하기에는 실패 비용이 얼마나 들지 모르며 시간이 허락하지 않는다. 성공한 대가들의 책을 통하면 실패 없이 올바른 길로 빠르게 나아갈 수 있다. 자신의 업무나 목표와 관련된 100권 읽기의 플랜을 수립하고 실천해 보면 알게 될 것이다. 자기계발을 하는 사람은 수면의 질이 향상되어 다음 날 출근길도 가벼워진다.

목표에 도전하다가 실패했다고 패배자가 아니다. 도전하려는 목표조차 없는 사람이 진짜 패배자다. 우리 주변에는 불우한 환경 속에서도 몇 배의 성공을 이루는 사람이 있다. 또는 불가능한 목표라 여겼는데 성공가도를 달리는 사람도 있다. 성공하는 사람과 그렇지 못한 사람의 차이는 단순하다. 실패에 굴하지 않고 끝없는 열정으로 도전하느냐 포기하느냐의 차이다. 직장인 누구라도 언젠가는 회사라는 울타리를 벗어나 인생 2막을 찾아야 하는 시기가 온다. 사원이든 임원이든 예외는 없다. 그 시기는 빠를 수도 있고 늦을 수도 있다. 분명한 것은 눈앞에 닥쳤을 때는 이미 늦었다는 것이다. 회사에 다니고 있을 때 자기 마케팅을 통해 인생 2막을 준비해 가야 한다.

우리 모두 인생이라는 운전대를 잡고 있다. 가다 보면 탄탄대로도 있고 구불구불한 시골길도 있다. 중간에 에너지를 채우기 위해 잠시 쉬기도 한다. 고장이라는 상처를 만나면 치료를 받고 다시 출발하면 된다. 중요한 것은 핸들을 놓아서는 안 된다는 것이다. 어쩌다가 핸들을 놓을 수밖에 없었다면 다시 잡으면 된다. 인생 멀미에 가장 잘 듣는 약은 운전대를 잡는 것이다. 도전벨트를 단단히 매고 출발하면 어떤 여정이든 결국 도달하게 된다. 물은 99도에서 끓지 않는다. 1도를 마저 채워야 끓는다. 많은 사람들이 눈앞의 1도를 채우지 못하고 성공의 근처에서 포기한다. 경쟁이란 자신과의 싸움이다. 남과 다른 자신만의 길을 걷는 것이 자기 계발이자 자기 마케팅이다. 마지막 1%를 채우지 못해 포기하는 실수를 범하지 말자.

05
경력관리는
지금부터 하라

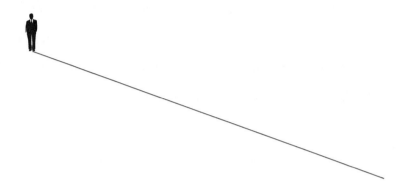

직원과 회사는 서로의 성장을 마주하며 갈 때 성과를 만든다. 출근과 동시에 도살장에 끌려온 것처럼 무기력한 표정으로 일한다면 회사와 개인 둘 다 손해나는 장사를 하는 것이다. 사실 개인의 발전이 없는 회사일수록 입사연차가 쌓여 갈수록 표정 변화가 없는 무뚝뚝한 동료가 늘어난다. 일하는 중에 한숨을 쉬기도 하고 컴퓨터에 레이저를 쏘아대는가 하면 자판을 인정사정없이 두들기기도 한다. 어떤 사원은 근무시간만 지키면 일을 잘하는 것이라는 착각에 빠져 수다 떨기에 한창이다. 이렇게 월급만 축내는 불편한 사원에서 벗어나지 못하면 당신의 경력관리는 제로가 된다. 회사와 함께 성장하지 못한다면 그림자 인간이 되어 버린다. 물론 직장 생활에 익숙해지면 현

재의 자리에 안주하려는 습성이 강해진다. 입사 때 확고하게 마음먹
었던 꿈들은 역사의 뒤안길로 내팽개쳐진다.

"김 대리, 공무원이야? 벌써 가게 문 닫았어?"
"네, 집에 일이 좀 있어서요?"
"무슨 일인데? 집에 꿀이라도 발라놨어? 우렁각시라도 있는 거
야? 아니면 금송아지?"
"그게 아니고…"
"어제 생긴 품질 사고건 말이야. 오늘 보고서 마무리해야 되지 않
겠어?"

　모처럼 먼저 퇴근하려고 일어서는 찰나에 선배의 강력한 한방이
날아왔다. 농담을 가장한 선배의 질책 방식이었다. 폐부 깊숙한 곳이
창끝에 찔린 듯 뜨끔했다. 전날 과음으로 피곤했던 탓에 일찍 귀가
하여 쉬고 싶다는 말이 목구멍까지 올라오는 것을 간신히 도로 삼켰
다. 전날 술자리에 선배도 같이 있었다는 사실이 불현듯 떠올랐기 때
문이다. 오늘도 일찍 귀가하여 쉬려던 계획은 수포로 돌아갔다. 이처
럼 직장인의 하루하루는 회식, 잔업, 기타 등등의 모임으로 바쁘다.
자신의 시간을 갖는다는 것 자체가 황송할 지경이다. 어쩌다 일찍 귀
가하는 날이면 TV를 끌어안고 모처럼 진한 연애를 하느라 무아지경
에 빠져든다. 오랫동안 떨어져 있었던 채널들을 돌려대며 애틋함을

나눈다. 쇼파에 딱 붙어서 새로운 합체 동물을 탄생시키는 남편의 모습을 아내에게 보여줄 뿐이다. 잠시 TV에 몰입했나 싶은데 뻐꾸기 시계가 벌써 밤 12시를 알린다. 신데렐라의 마법이 풀리는 순간이다. 눈꺼풀이 천근만근이다. 이처럼 직장인이 경력을 쌓기 위한 자기계발 시간을 만든다는 것이 지구별에서는 불가능한 일로 보인다.

그러나 이 모든 방해공작에서 벗어난 시간이 있다. 바로 새벽시간이다. 나는 새벽시간을 활용하여 자기계발에 매진하고 있다. 매주 장르를 불문하고 최소 세 권의 책을 읽는다. 또한 경제신문을 통해 부동산 정책이나 국제 사회의 변화와 같은 큰 이슈에 대하여 정보를 얻는다. 다양한 전문가들의 해설과 논평 및 향후 전망 등의 정보를 접하게 되어 수천억 원의 정보가치를 얻을 수도 있다. 신문은 평소 관심 분야에 대해서 스크랩하기에도 용이하다. 이런 노력은 자신도 모르게 경험 능력이 축적되어 언젠가 가치를 드러낸다. 평소 다양한 분야를 접해 두면 새로운 지식을 창조해 내는 데도 용이하다. 나의 자기계발은 업무든 비업무든 항상 관련된 서적을 구매하여 읽는 것에서 시작한다. 사실 인터넷의 발달과 스마트폰의 출현으로 지금은 언제 어디서든 원하는 정보를 얻을 수 있기는 하다. 그러나 활자로 된 책 속에는 검색만으로 얻을 수 없는 저자의 전문가적인 지식과 지혜와 경험이 담겨 있다.

몸이 아프면 링거를 맞고 규칙적인 시간대에 약을 먹어야 하는 것처럼 꿈도 마찬가지다. 꿈이 아프면 주기적으로 수혈을 해야 한다. 생각할 시간을 의식적으로 만들고 매일 점검하지 않으면 기억에서 지워진다. 꿈과 목표를 잃지 않고 경력관리와 함께 성장시키기 위한 조건은 다음과 같다.

첫째, 자신의 일에 의미를 부여하고 즐겨야 한다. 재미가 없으면 일이 즐거울 수 없다. 회사의 일은 미래의 나를 만드는 과정이다. 업무에 대한 기초 지식부터 응용까지 철저하게 배워야 한다. 부족한 지식으로 경험에 의존하여 수준 이하의 실적을 만드는 실수를 줄이기 위해서다. 무림의 초고수처럼 장풍을 쏠 경지는 아니라도 언저리까지는 도달해야 한다. 고수는 하루아침에 만들어지지 않는다. 꾸준하게 그 일을 즐기다 보면 어느 순간 대적할 자가 없어질 것이다.

둘째, 열정이 있어야 모든 일에 재미가 있다. 열정적인 에너지가 있으면 무엇을 해도 만족감과 성취감을 얻는다. 열정을 살리려면 자신이 가장 좋아하는 일이나 취미에서 시작해도 된다. 열정의 에너지는 전염성이 커서 회사 업무에까지 신명나는 에너지가 전달된다.

셋째, 인생의 목표는 크게 성공한 사람들에게서 구한다. 내 주변에 그런 사람이 없다면 발품을 팔아서라도 만나야 한다. 그들이 목표를 달성하기 위해 어떻게 행동하고 노력하였는지를 배워야 하기 때문이다.

넷째, 스스로에게 부정적인 이미지를 속삭이지 말아야 한다. 우리는 목표를 세우고도 '진짜 달성 가능할까. 아니, 이 문제는 해결이 불가능해.'라며 부정적으로 자신의 뇌를 세뇌시키는 우를 범한다. 부정적인 마인드는 인생을 거꾸로 뒤집는 원리가 작용한다. 성장이 아니라 밑바닥으로 추락하게 만든다. 아무리 열심히 일에 매달려도 성과가 나오지 않게 된다. 잘나가는 동료는 자신의 목표를 잠재의식에 주입시킨다. 그리고 매일 그것이 달성된 것처럼 이미지를 그리고 행동한다.

회사에 없어도 그만인 사람이 될 것인가? 인재를 놓칠까 전전긍긍하게 하는 사람이 되겠는가? 해답은 자신만의 경력 이력서에 여백을 채우기 위해 얼마나 노력했느냐에 달렸다. 나는 20대에 장르를 가리지 않고 천여 권의 책을 읽었다. 사내 대학에 입학하여 반도체 전 과정을 숙독하여 업무능력을 업그레이드하였다. 하루 12시간 근무를 마치고 졸음을 이기고자 허벅지를 꼬집어 가며 일본어 공부에 매진하여 회화 자격을 취득했다. 나는 지독하게 기억력이 나빠서 다른 사람에 비해 두 배 이상의 시간을 쏟아야 비슷한 수준이 된다. 어학 공부의 해결책은 집의 벽면, 식탁, 화장실 등 언제든지 볼 수 있는 곳에 회화 문장을 써서 붙였다. 샤워를 하면서도 볼 수 있도록 했다.

중국 법인 업무에 대비하여 사이버한국외대에 입학하여 중국어를 전공하여 자격을 취득했다. 6시그마 과정의 블랙벨트를 취득하여 업무활용과 사내 강사로 활동했다. 사실 블랙벨트의 취득은 3번이나 시험에 응시하여 겨우 합격했다. 그 덕분에 두꺼운 3권의 책을 거의 다 외울 정도였다. 그리고 트리즈를 배워서 20여 건의 특허를 출원하고 독자적인 스마트미디어 설비를 개발하였다. 성과로 연결하기 위해 월간, 연간 제안왕에 도전하여 실현했다. 그리고 제안부문 사업부 연간 1위까지 선정된 경력을 가질 수 있게 되었다.

경력이라는 무기 없이 직장 밖으로 나서면 지옥 속으로 내동댕이 쳐지는 것과 같다. 경험은 경력이 되고 경력은 창업의 기초가 된다. 무엇을 하든 머리가 좋고 나쁘고의 문제가 아니다. 머리가 좋지 않아도 일 잘하는 사람으로 인정받는 동료들은 많다. 그들의 장점을 찾아내어 배우며 직장 생활의 달인이자 경력관리의 대가가 되기를 바란다. 젊다는 것은 아름다운 도전을 꿈꿀 수 있는 최적의 시기이다. 단지 오랜 시간을 직장에서 머물렀다고 해서 경력을 쌓았다고 말할 수는 없다. 어디서든 테스트를 거치면 곧바로 들어날 밑천이기 때문이다. 자신의 분야에서 최고가 되겠다는 뚜렷한 목표를 만들어라. 그리고 하나씩 자신의 것으로 소화시켜 나갈 때 경력관리라는 나무에 단맛 가득한 굵고 고운 열매가 열릴 것이다.

06
자기 안의
1%를 깨워라

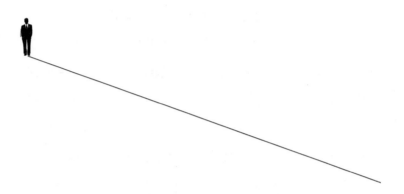

'금연, 금주.

외국어 상위 레벨 취득.

업무목표 과제 필달.

해외 가족 여행.

건강한 몸매 관리.'

새해가 시작되면 거창한 목표를 세우고 반드시 이루리라 다짐을
한다. 그러나 조기에 성과가 보이지 않으면 단념하는 사람들이 대부
분이다. 목표 달성은 강한 인내심을 요구하지만 조금만 힘들어도 단
념하는 습관에 익숙해져 있기 때문이다. 동료들이 외국어를 배우다

가 중도에 포기하는 사례를 많이 보아왔다. 생각만큼 실력이 빠르게 늘지 않기 때문이다. 그러나 여기서 멈추면 그것으로 끝이다. 어떤 목표에 도전 중이라면 조급해 하지 말고 점프를 기다려야 한다. 노력 하다 보면 점프의 시기가 찾아온다. 사람마다 능력의 차이가 있어서 조금 빠르거나 느리다는 차이만 있을 뿐이다. 아무리 노력해도 발전 이 없는 듯 보이지만 어느 순간 한 계단을 점프하게 된다.

서른 초반에 나는 프로젝트 압박감으로 인해 슬럼프가 왔었다. 새 로 맡은 프로젝트의 대책수립 부분에서 상상의 파이프가 막혀 버렸 다. 장고를 거듭하면 할수록 머리는 깨질 듯 지끈거리고 무거웠으며 무기력해지는 증상이 생겼다. 한번 막힌 출구는 그대로 굳어 버렸다. 스트레스로 뇌의 활동이 정지되었다. 스트레스를 이겨낼 탈출구를 찾지 않으면 영원히 미제로 남겨질 판이었다. 탈출구를 찾고자 밤거 리를 나선 나에게 MC몽의 힙합 음악이 들려왔다. 신의 계시인 듯 왠 지 모를 이끌림을 받은 나는 30대의 나이에 말도 안 되는 행동을 저 질렀다. 다음 날 힙합을 배우기 위해 수강 신청을 했던 것이다. 힙합 은 빠른 음악에 맞추어 온몸이 따로 분리되거나 동시다발적으로 움 직였다. 나는 맨 뒤에서 허수아비처럼 허우적댔다. 동작은 고사하고 음악의 박자도 맞추지 못했다. 한 달이 지나도 삐걱대고 있었다.

그러나 힙합을 통한 일상의 비타 에너지는 이미 충전되고 있다는 것이 느껴졌다. 막혀 있던 프로젝트 업무의 매듭이 한꺼번에 해결되 어 일사천리로 진행되었기 때문이다. 문제는 힙합이었다. 이 정도도 못해 내면 나 자신에게 부끄러운 과거로 남을 것이다. 귀가하면 거울을 친구 삼아 웨이브를 연습했다. '언젠가는 할 수 있어.' 매일 거울을 보면서 다짐했다. 두 달쯤 지나자 동작들이 몸에 익기 시작했다. 반년쯤 지나자 부족한 실력이지만 회사 축제에 참가할 수 있었다. 그 후 헐렁한 옷과 푹 눌러쓴 모자는 약 3년간 나와 절친이 되었다.

누구나 회사 생활을 하다 보면 원치 않는 스트레스에 휘청거릴 수 있다. 심하면 슬럼프라는 물속에 빠져 허우적거리기도 한다. 주위를 둘러보아도 수영장에서처럼 구조대는 없다. 혼자 살아 나와야 한다. 무작정 기다리기만 해서는 빠져 나오긴 힘들다. 자신이 좋아하는 취미를 하거나 하고 싶은 것을 찾아서 행동으로 옮기면 저절로 빠져 나올 수 있을 것이다.

인간의 잠재능력은 한 가지로 좌우되지 않는다. 평범한 당신도 천재적인 성공가로 인정받을 수 있다. 미국의 제32대 대통령 프랭클린 루스벨트는 성공에 대해 이렇게 말했다. "성공한 사람은 천재가 아니다. 평범한 자질을 가지고 있을 뿐이다. 그러나 그 평범함을 비범하게 발전시킨 사람이다." 화학 실험을 좋아했던 에디슨은 1+1은 왜 2가 되어야 하는지 의아해했다. 약품 두 가지를 섞으면 막강한 폭발력을 발휘하는 물질을 만들어 낼 수 있었기 때문이다. 1+1은 100이 될 수 있다. 자기 안의 숨겨진 능력 1%를 깨우면 100%가 될 수 있다. 성공의 길은 그 1%가 좌우한다.

피겨여왕 김연아는 휴일을 제외하고 1년에 300일 정도 훈련했다고 한다. 하루 30여 회 점프훈련을 하면서 80%의 성공률과 20%의 실패를 했다. 한 해 9000회의 점프를 시도하며 약 2000번의 엉덩방아를 찧었다. 그 결과 그녀는 세계 정상에 우뚝 섰다. 그녀의 아름다운 연기는 끊임없는 열정과 도전을 통해 자기 안의 1%를 깨웠기 때문이 아닐까.

취업포탈 '사람인'에서 조사한 내용에 따르면 직장인 사표 충동 1위는 '회사에 비전이 없을 때'라고 한다. 물론 회사에서 비전을 안겨주면 더없이 감사한 일이다. 그러나 비전은 자기계발을 통해 스스로 만들어 가야 한다. 가만히 앉아 회사에서 떡고물이 떨어지길 기다려서는 어떤 변화도 생기지 않는다. 감나무 밑에서 감이 떨어지길 기다리지 말고 자기 안의 1%를 깨워 숨겨둔 자기계발의 에너지를 최대치로 올려야 한다.

자기 안의 성공인자인 1%를 깨우려면 잠재의식이 반응토록 해야 한다. 잠재의식은 옳고 그름을 선택하는 능력이 없다. 간절한 마음으로 반복하여 생각하는 것을 실현시키려는 능력만 가지고 있다. "나는 반드시 사장의 자리에 오르겠어."라고 잠재의식에 속삭이면 그것을 받아들이고 실현하고자 움직인다. 중요 포인트라면 잠재의식은 진실에 대해서만 반응한다. 조금이라도 부정적인 마음을 갖는다면 그 마음을 먼저 받아들인다. 잠재의식은 우리의 목표가 실현될 때까지 움직인다.

　회사에서의 월례회, 체육대회, 야유회, 심지어 새로 생긴 대형 마트 행사에서도 행운권 추첨이 자주 등장한다. 그때마다 나는 혹시나 당첨되지 않을까라는 기대를 품은 채 행운권 번호를 박스의 한가운데로 밀어 넣는다. 그러나 다른 사람들과 마찬가지로 '나는 행운권과 인연이 없잖아. 지금까지 한 번도 당첨된 적이 없는걸. 오늘도 그렇겠지.'라며 잠재의식에 부정적인 명령을 입력한다. 그렇게 부정적인 생각을 잠재의식에 입력하는 것으로 행운권과의 인연은 완전히 사라지게 된다. 반면에 '나는 행운권이 자주 당첨되거든. 오늘도 당첨된다.'라고 잠재의식에 속삭이는 사람은 실제로 당첨 확률이 높아진다. 실제로 나는 지난 30년간 단 한 번도 행운권과는 인연이 없었다. 그러나 최근 들어 잠재의식의 존재를 믿게 되면서 연속으로 고용량 휴대폰 밧데리 팩과 케이크 당첨의 운을 만들었다.

　잠재의식은 영혼과 연결되어 있다. 영혼은 우리가 잘 때에도 잠재의식에 새겨진 간절함을 실행해 옮길 방도를 찾는다. 무엇보다 주의해야 할 점은 "나는 이 회사 사장이 목표야!"를 말하면서도 마음속으로는 '나는 별 볼일 없어.'라고 생각하면 잠재의식은 부정적인 마음을 따라간다. 긍정적인 잠재의식을 가동시키려면 다음의 절차를 따라야 한다. 첫째, 간절히 원하는 것을 종이에 적는다. 둘째, 책상 앞에 붙인다. 셋째, 지갑에 넣거나 주머니에 휴대한다. 넷째, 스마트폰 바탕 화면에 깔아둔다. 다섯째, 매일 한 번씩 반복하여 읽는다. 여섯째, 업무 컴퓨터의 화면보호기 비밀번호에도 이니셜을 만들어 넣는다. 이렇게 잠재의식과 내통하면 당신의 태도와 행동은 자동 항법 장치에 의해 움직이게 되고 그 길을 걷게 된다.

최근 둘째 아이가 대학에 진학하며 장학금을 받겠다는 목표를 세웠다. 나는 아이에게 컴퓨터 바탕 화면의 디렉토리나 패스워드의 일부에 장학금 이니셜을 만들어 같이 쓰라고 조언했다. 성공하는 사람은 꿈과 목표가 분명하다. 가야할 길을 명확히 알기에 어떤 역경에도 좌절하지 않는다. 그리고 하나의 꿈이 완성되면 더 큰 꿈을 그린다.

07
나 자신을 위한
자기계발을 하라

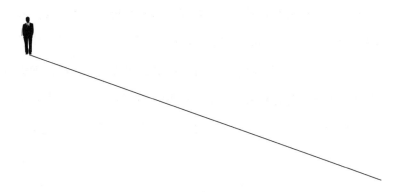

"앗! 선배님 안녕하세요?"

"어, 오랜만이네!"

"요즘 어떻게 지내세요?"

"응, 뭐라도 해서 먹고 살아야 하는데 마땅한 테마가 없어서 힘드네."

"커피 한잔 하시겠어요?"

"그럽시다."

서둘러 퇴근을 하던 중에 몇 해 전까지 함께 일했던 선배를 만났다. 퇴직 몇 년 사이에 머리는 반백이 되었고 미간의 주름은 깊이 패어 있었다. 커피 한잔을 마시러 스타벅스에 들어갔다. 선배에게 이런 저런 지난 사정을 들었다. 퇴직 후 1년여 동안 여러 곳에 일자리를 두드려 보았지만 시원치 않았다고 했다. 이제는 창업으로 눈을 돌려서 고민을 하고 있으나 그 또한 테마를 잡기가 어렵다고 한다. 잘못 선택하면 그나마 벌어둔 노후자금을 모두 잃을 수도 있기 때문이라고 했다. 1시간여의 무거운 대화를 마치고 선배와 헤어졌다.

창업을 한다면 무엇을 하는 게 좋을까? 뾰족한 테마가 떠오르지 않는다. 대부분의 직장인이 마찬가지일 것이다. 지금까지 미래를 대비한 자기계발에 관심을 두지 않았기 때문이다. 누구나 똑같은 자기계발에 열광하는 것이 미래를 대비하는 것이라 여긴다. 글로벌 시대에 걸맞게 외국어가 필수라고 부르짖는 것은 예전이나 지금이나 한결같다. 모두가 영어, 일어, 중국어 책을 옆구리에 끼고 다닌다. 하나같이 승진이 목적이고 남들이 하니까 얼씨구나 따라한다. 나 또한 그랬다. 그것만이 내 꿈이자 목표인 줄 알았으나 살 떨리는 흥분이 없었다. 나는 남과 같이 휩쓸리지 않고 진짜 원하는 나만의 자기계발을 만들어 가기로 했다. 먼저 업무 분야에서 최고 전문가가 되기로 했다. 각각의 목표에 중장기 납기를 기록하고 하나씩 실행에 옮겼다.

'맡은 업무의 설비 매뉴얼을 소화하기(1월~3월).
학교 때 전공 책 다시 훑어보기(4월~6월).
어학공부 하루 50분(2년 투자).

업무와 연관된 전문서적을 한 주에 1권 이상 읽기(7월~12월).

창의성 업그레이드 연습. 개인 휴가 때 연구소 도서실 잠복하기(8월, 12월).

설비 제작업체의 교육 참여.'

시간이 지나면서 실력도 늘고 성취감이 생겼다. 전문가로 우뚝 선 내가 상상되어 즐거웠다. 자신이 원하는 자기계발은 즐거운 비명이 절로 나온다. 행복감이 분출된다. 한 걸음씩 나아가는 자신이 대견해 스스로 칭찬을 한다. 살면서 어떤 어려움이 있더라도 꿈이 있으면 행복해진다. 고난과 역경을 이겨내는 힘은 꿈이라는 목표가 있을 때 생긴다. 나아갈 꿈이 없다는 것은 끔찍한 일이다. 우리의 몸은 살아갈 목적을 잃으면 시름시름 앓다가 결국은 죽어간다. 나이를 떠나 꿈이 있는 사람은 삶에 의욕이 넘친다. 자신감이 온몸을 휘감아 광채가 나며 10년은 더 젊어 보인다. 자신도 모르는 사이에 다른 사람의 우상이 된다. 20세기 최고의 물리학자 알베르토 아인슈타인은 '상상력이 지식보다 중요'하다고 했다. 희망보다 더 좋은 처방전은 없다.

나는 현장 근무 시 설비관리에 대한 새로운 방안을 찾기 위해 늘 고민했다. 그 결과 생산현장에서의 설비관리 최선은 사전보전(정기적인 주기를 설정하여 고장 발생 전에 조치)에 있다는 것을 깨달았다. 현장 설비관리 파트장이었던 나는 사전보전을 강조하고 실행했다. 설비에 문제가 생겨 정지했을 때 조치한다면 사후보전(고장 발생 후에 조치)이다. 팀원들의 불만도 많았다. "아니 왜 고장도 나기 전에 생고생을 합니까?" 그러나 사전보전 시간은 사후보전 시간에 비해 절반 이하의 공수와 정지로스로 바뀌어 그 효과는 실로 엄청나다.

사후보전은 대략 고장수리 준비시간(10%), 원인분석(40%), 조치시간(50%)이 소모된다. 반면 사전보전은 정해진 룰대로 이미 알고 있는 부위의 조치만 하면 된다. 컨설팅 지원을 나가 보면 대부분의 회사가 눈앞의 이익만 쫓느라 머리로는 이해하지만 행동으로 옮기지는 못한다. 미래에는 공장 내 제조원가 경쟁력에 명운이 달려 있다. 다시 말해 설비의 사전 예방보전 사이클 체계를 어떤 방법과 형태로 구축하느냐에 따라서 살아남느냐가 결정된다. 앞으로는 인공지능 예방보전 적용으로 설비정지로스가 더 최적화될 것으로 예측된다.

여자 해머던지기 선수인 폴란드의 아니타 브워다르치크는 리우 올림픽에서 세계 신기록을 세우며 올림픽 챔피언에 올랐다. 여자 선수로는 사상 처음으로 80m를 넘어 82.29m를 던졌다. 그의 경기를 보면 해머가 손끝에서 빠져나간 순간 너무 기뻐서 펄쩍펄쩍 뛴다. 어떻게 아는 것일까? 방금 해머가 날아가기 시작했는데 말이다. 바로 전문가이기 때문이다. 이미 기록이 어떻게 나올지 예측하고 있었다. 그 분야의 전문가라면 업무의 결과나 성과를 사전에 예측 가능한 것이다.

나는 20대에 회사 도서실의 업무 관련 전문서적과 일반 소설 그리고 에세이 분야까지 장르 불문 모두 읽었다. 삼성그룹 사보에 시와 에세이를 보내어 등재되기도 했다. 그 시절의 꿈은 작가이자 시인이었다. 그러나 일이 바빠지면서 점차 꿈은 잊혀졌다. 그리고 20여 년이 지나서야 꿈을 다시 찾았다. 당신은 나처럼 꿈을 잊고 사는 실수를 범하지 않았으면 한다. 지금의 나는 꿈이 현실로 이루어짐을 상상하며 하나씩 실천해 가고 있다. 꿈이 살아나면서 회사에서의 스트레스와 잔업도 해피 바이러스로 느껴진다.

"할 수 있다.
나는 할 수 있다.
할 수 있다.
할 수 있다."

그는 결승전 마지막 3라운드에서 10대 14로 한 점만 더 내주면 은메달에 머물러야 하는 절체절명의 순간에 처해 있었다. 5연속 득점을 올리지 못하면 금메달은 어려운 상황이었다. 펜싱 에페는 두 선수가 동시에 찌를 경우 양쪽 모두에게 한 점씩 주어진다. 그 때문에 5연속 득점은 불가능에 가깝다. 1분의 휴식이 주어졌을 때 그는 잠재의식에 '할 수 있다.'는 최면을 걸었다. 잠시 후 기적 같은 대역전극이 펼쳐졌다. 동시 점수의 상황 없이 5연속 득점에 성공했다. 금메달의 꿈이 이루어진 순간이었다. TV를 통해 애절하게 보고 있던 나는 환

호성과 함께 온몸에 전율이 흘렀다. 자기 최면을 통해 잠재의식을 깨운 그가 기적의 승리를 만들어 냈기 때문이다. 그는 리우 올림픽에서 기적의 애국가를 울린 펜싱 에페의 1등 검객 박상영 선수였다. 그의 기적을 보면서 고대 히브리어 주문인 '아브라카다브라(말하는 대로 이루어진다)'가 머릿속을 스쳐 지나갔다.

비바람에 휩쓸려 보지 않고 피어나는 꽃은 없다. 꽃잎이 떨어질까 두려워 꽃을 피우지 않는 꽃나무를 본 적이 있는가? '역경'을 거꾸로 읽으면 '경력'이 된다. '못할 수도 있다.'라는 생각과 동시에 그 일은 진짜 불가능해진다. '할 수 있다.'는 자신감을 가슴 깊은 곳에 복사해 붙여넣기로 가득 채우자. 죽을 것처럼 힘들게 느껴져도 극복하기 어려운 일은 존재하지 않는다. 개울이 모여서 바다를 이루듯 작은 일에도 최선을 다해야 큰일을 해낼 수 있다. '아브라카다브라' 오늘도 나는 잠재의식 속에 주문을 외운다. 말하는 대로 이루어지리라.

08
언제든 떠날 수 있는
능력을 갖추어라

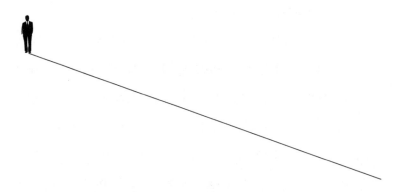

"선배님, 드릴 말씀이 있습니다."

다른 파트에 근무하는 직원이 인사차 왔다.

"네, 무슨 일이라도…"

굳은 표정에 좋은 일은 아닐 거라는 예감이 들었다.

"갑작스럽게 퇴직하게 되어 인사드립니다."

"네? 갑자기…, 무슨 일 있어요? 사업이라도 준비 중인가요?"

"아닙니다. 몇 개월 쉬면서 무엇을 할지 고민해 보려고 합니다."

갑작스럽게 퇴직하는 동료들이 꾸준히 있었기에 크게 놀라진 않는다. 다만 마땅한 직장이나 대비책 없이 퇴직하는 것이 안타까울 따름이다. 대부분의 직장인은 회사일 외에 고민을 하지 않는다. 한 회사만 바라보고 젊음을 바쳐서 일한다. 그리고 정년까지 근무가 보장되는 것으로 철석같이 믿으려 한다. 구조조정 불안감은 40대 이상 과·차장이나 부장직급에 이르면 현실적인 문제로 다가온다. 입사 때부터 이 일만 열심히 해왔는데 그만두면 무엇을 해야 할까? 평생직장이라 생각하고 별다른 준비도 하지 않았다. 업무에 남다른 전문성이나 뚜렷한 자신만의 스펙도 전무하다. 아이들이 대학에 입학하여 비용 지출은 상승 곡선을 그린다. 어떻게든 버티고 있지만 젊은 사람들과 경쟁을 하려니 피가 마른다. 이런 상황이 자신만의 능력을 갖추어 두지 못한 이 시대 선배들의 고충이다. 임원 승진은 그야말로 1%의 범주에 들어야 한다. 하늘에 별 따기와 같아서 꽤 잘나가는 사람도 대부분 부장 이하에서 퇴직을 맞게 된다. 어쩔 수 없는 회사 사정으로 물러서야할 때라는 것은 알지만 직장 밖의 현실은 암흑이다.

어느 순간 퇴직으로 쉬게 된다면 매달 들어오던 수입이 없어진다. 그동안 잘 보지도 않던 TV와 씨름을 한다. 며칠이 지나자 허리도 아프고 아내와 아이들에게 눈치가 보인다. 지금까지 다닌 회사의 경력을 필살기 삼아 시장에 나선다. 예전 회사의 절반에도 미치지 못하는 연봉에 그동안의 회사 경력이 무색해진다. 짧게나마 자신이 잘 할 수 있는 분야와 능력을 소개하고 입사하지만 오래 버티지 못한다. 그동안 전문가가 아닌 숙련가의 길만 걸어왔기 때문이다. 숙련가는 정해진 룰의 틀에서는 도사라 불리지만 새로운 문제가 생기면 안절부절

어찌할 바를 모른다. 그 결과 재취직을 하더라도 회사에 경영악화 문제가 발생하면 재차 실업자의 길로 나선다. 지금은 20대 혹은 30대인 당신도 미리 대비하지 않으면 미래에 똑같은 상황에 직면하게 된다. 자신만의 차별화된 셀프스펙을 만들어야 한다. 5년, 10년, 20년 후의 미래를 대비해야 하는 것이다. 직·간접적인 공부와 경험을 통해 커리어를 키워 두어야 한다. 인간은 익숙함에 안주하려는 심리가 있다. 매일 같은 직무와 같은 사람에 한하여 어울리고자 한다. 다른 직무나 승진이 가능한 역할조차 거절하기도 한다. 회사라는 어미 새의 보살핌이 영원하리라 믿는 것이다.

10년 뒤에는 어떤 사람이 되겠다는 목표와 실행을 확고히 해야 한다. 의학의 발달로 인생 100세 그 이상의 시대가 막을 올렸다. 그만큼 살아갈 날이 길어져서 더 많은 능력이 필요해졌다. <u>인생 초반부에 공부한 얕은 지식만으로 후반부를 대비할 수는 없다. 자고 일어나면 하루가 다르게 변하는 세상이다. 빛의 속도로 지식과 기술이 발전하고 있다. 잠시만 정체되어도 내가 알던 지식은 과거라는 괴물에게 먹혀 버린다.</u> 나는 의식도서를 읽을 때마다 알 수 없는 강렬한 기운을 느낀다. 닭살이 돋고 잔털들이 전부 일어나는 현상이다. 찌릿찌릿한 느낌인 것 같기도 하다. 말로는 설명이 어려운 좋은 느낌이 수십 초 간 머물기도 한다. 그때마다 나는 작가와 메신저의 꿈이 이루어질 수 있다는 확신이 든다. 주변 사람들에게 직장 경험을 메신저의 역할로 만들겠다고 했더니, 다 아는 내용을 누가 들으려 하겠냐며 웃음을 던진다. 그러나 백만장자이며 메신저이자 작가인 브랜든 버처드는 저서 《메신저가 되라》에서 다음과 같이 말한다.

"대부분의 사람들은 자기계발 항목에 메신저의 역할을 넣어 두지 않는다. 자신의 인생과 경험을 매우 과소평가하는 것이다. 자신의 경험은 평범해서 인생에 아는 것이 부족하다. 아무도 자신의 이야기를 진지하게 들으려 하지 않을 것이라고 생각한다. 자신의 경험 속에 깨달은 바가 있으면서도 그것이 다른 사람에게 큰 도움이 될 수 있을 거라는 생각은 하지 못한다. 이것은 명백히 잘못된 생각이고 부적절한 태도이다. 당신이 보잘것없다고 생각하는 그 경험과 깨달음을 통해 메시지를 전하며 높은 수익도 낼 수 있다."

어떤 어려움도 방법을 찾으면 해결 방법은 반드시 있다. 나는 회사 내에서 제안, 특허, 전기 공압 제어 등의 업무 관련 출강을 했었다. 문제는 많은 사람들 앞에 설 때마다 두려움이 생긴다는 것이었다. 어떤 때는 머릿속이 하얗게 되어 무슨 말을 했는지조차 기억나지 않았다. 두려움을 극복하기 위한 조치가 필요했다. 사람들 앞에 자신 있게 설 수 있도록 무대 경험을 쌓고자 회사 내의 연극부를 두드렸다. 연극을 통해 자신감 회복과 삶의 에너지를 충전 받았다. 연극의 기본인 배우수업과 무대 활용법에 대해 연구하면서 인간 심리를 공부할 수 있었다. 점차 두려움은 사라지고 당당한 자신감이 나를 경호하기 시작했다. 이후 연출을 맡게 되면서 리더의 자질도 익힐 수 있었다.

연극에서는 공연을 하기 전에 리허설을 한다. 리허설을 통해 부족한 점을 최종 점검하여 수정하는 것이다. 그러나 인생에는 리허설이 없다. 단 한 번뿐이다. 그래서 더 소중하다. 하고 싶은 일이 있지만 실패가 두려워 묻어둔 그 순간에도 인생이란 시간은 흘러간다. 어차피 흘려버릴 시간이라면 후회하지 않도록 도전이라도 해보아야 한다. 우리의 몸은 정신에 지배를 받는다. 모든 것이 잘 풀리지 않는다고 축 처져서 생활하다 보면 자신조차 잃게 될 수 있다. 정신적인 충격을 받거나 살아갈 목적을 잃으면 급속도로 건강을 잃는다. 성공은 작은 지혜와 습관들이 모여 이루어진다고 한다. 목표는 자신이 가장 잘하는 것, 진심으로 원하는 것으로 삼아야 한다. 그리고 구체적인 실천 방법을 만든다. 나는 성공한 사람들의 경험이 담긴 서적을 찾아 실천방법을 연구했다. 성공한 사람들의 말은 한결같다. 꿈을 종이에 적고 공언하면 반드시 이루어진다는 것이다. 나는 꿈을 적고 프린트하여 책상 앞에 붙여두었다.

씨를 뿌리고 4년이 지나도록 불과 3cm 밖에 자라지 않았다. 하지만 5년째가 되는 날부터 기적이 일어났다. 하루에 무려 30cm 이상을 자랐다. 그리고 6주 만에 15m까지 자라서 그 어우러짐은 하늘이 보이지 않을 정도로 빽빽한 숲을 이뤘다. 6주 만에 급성장한 내면에는 어떤 기적이 숨어 있는 것일까? 지상이 아닌 땅속의 뿌리를 먼저 튼튼하게 만들었기 때문이다. 4년 동안 지상으로는 3cm 밖에 자라지 않았지만, 땅속에서는 수백 제곱미터의 뿌리를 뻗쳐서 단단한 기반을 다졌던 것이다. 기적의 주인공은 중국의 극동 지방에 서식하는 '모소 대나무'다. 자기계발에서도 마찬가지다. 단기간에 겉으로 드러나는 결과물이란 없다. 목표를 세분화하여 하나씩 실행해 나갈 때, 우리는 모소 대나무의 기적을 만나게 될 것이다.

5장

첫 직장에서 만들어진
습관은 평생을 좌우한다

01
출근 전 2시간이
미래를 바꾼다

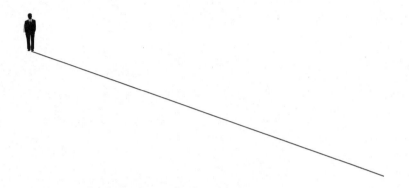

　대부분의 사람들은 꿈꾸던 삶을 살지 못한다. 비슷하게 살아보지도 못할 뿐 아니라 아쉬움을 뒤로한 채 쓸쓸히 생을 마감한다. 내가 태어났을 때 부모님께서는 장성해서 성공하기를 바라셨다. 그 바람으로 당시 고위 공직자였던 서울시 도로국장의 이름과 똑같이 지어 주셨다. 하지만 나는 평범한 직장인으로 살아왔다. 은퇴 시기가 되어 가지만 확실하게 닦아 놓은 기반이 없다. 위안을 삼는다면 직장 생활을 통해 가난했던 형편을 극복한 것이다. 아버지의 일 년여 병원비 대출금을 갚았고 어린 동생들도 잘 보살폈다.

　요즘은 아이들이 대학에 다니며 지출이 점점 늘고 있다. 직장인 월급은 뻔하다. 매월 통장에 급여가 들어오는 날이면 스마트폰 메신저가 '붕 붕붕 붕' 신바람이 난다. 통장에서 현란한 자동이체 쇼가 진행되기 때문이다. 노후대비에 신경이 무지 쓰인다.

그동안 나의 자기계발은 다른 사람과 별반 다르지 않았다. 회사에서 승진하기 위한 틀에 맞춘 스펙을 쌓기에만 바빴다. 생각해 보면 그런 스펙들이 회사를 퇴직했을 때 도움이 될까라는 의문이 든다. 의학기술의 발달로 요즘은 100세 수명시대가 뉴스에 오르내린다. 퇴직 후를 대비한 자기계발의 필요성이 절실히 요구되고 있다.

나는 퇴근 후 시간을 활용해 성공한 사람들의 책을 읽으며 미래의 대안을 찾았다. 그러나 잦은 회식으로 시간이 부족했다. 잔업이 있으면 몸이 힘들었다. 피곤함을 이기고 책에 몰입해 보지만 남는 것이 없다. 밤늦은 독서에 건강을 우려하는 아내에게 미안했다. 점심시간을 활용해 보기로 했다. 틈새시간 활용으로 좋은 방법이었으나 식후라서 집중력이 떨어졌다.

하루 중에 새벽시간이 남아 있었다. 잘나가는 임원진의 대부분은 새벽 4시에 일어나 자기계발을 한다고 했다. 아침잠이 많은 내가 새벽 4시에 기상하는 것은 불가능했다. 너무 일찍 일어나니 피로가 풀리지 않아서 업무에 집중이 되지 않는 문제가 생겼다. 업무에 소홀하게 되는 것은 내 스스로 용서되지 않는다. 강력한 동기부여가 필요했다. 우선 아침형 인간으로 성공한 사람들의 사례를 찾아보았다.

스타벅스의 하워드 슐츠는 아침 5시에 일어나 스타벅스 커피와 함께 월스트리트저널을 검색한다. 그리고 전 세계 스타벅스 매장의 판매동향을 체크한다. 대우중공업 정밀가공 분야에는 명장인 김규환 씨가 있었다. 그는 15살에 소년가장이 되었고, 초등학교는 문턱도 넘어보지 못했다. 그러나 우리나라 기술자 가운데 1급 자격증을 가장 많이 가지고 있으며 5개 국어를 구사한다. 무 학력자인 그의 성공은 새벽시간 활용에 있었다고 말한다. 25년간 새벽에 일어나 자기계발에 집중했다고 한다. 그 외에도 새벽을 기적으로 만들어낸 성공가로 알려진 마이크로소프트사의 빌 게이츠와 토머스 제프슨, 알베르트 아인슈타인, 오프라 윈프리, 아리스토텔레스 등이 있었다.

결론은 아침형 인간이 이상적이라는 판단이었다. 실천을 위한 첫 단추로 TV에서 손을 떼기로 했다. 세상에 일어나는 모든 일들을 넋 놓고 지켜보던 뉴스 청취를 그만두었다. 아침이면 '밤새 무슨 일이 있었을까?' 궁금해 하며 스마트폰 네이버 뉴스를 보던 습관도 버렸다. 취침시간은 밤 12시에서 10시 반으로 바꾸었다. 아침 6시 기상을 5시 반으로 1차 목표를 정했다. 목표 달성이 되자 5시로 변경했다. 한동안은 점심식사 후의 졸음에 힘들었지만 점차 익숙해졌다.

지금은 새벽의 맑은 공기와 함께 자기계발에 몰입을 하고 있다. 새벽시간은 낮에 비해 집중력이 세 배 이상 효율적이었다. 한 주에 최소 3권 이상 목표와 관련된 책을 읽을 수 있다. 《출근 전 2시간》의 김태광 작가는 새벽시간을 다음과 같이 예찬했다.

"새벽은 직장인에게 주어진 황금시간이다. 더 이상 황금시간을 헛되이 흘려보내선 안 된다. 당신이 새벽 단잠에 빠져 있을 때 누군가는 새벽시간을 활용해 성공의 주춧돌을 놓고 있다. 시간이 흐를수록 그와 당신의 갭은 좁힐 수 없을 만큼 벌어지게 될 것이다. (중략) 평소보다 30분 일찍 집을 나서 보라. 거리 풍경도, 회사도, 동료도 분명 달라 보일 것이다."

나는 성공한 사람들의 책을 읽으며 끊임없이 도전하는 그들에게 감명을 받았다. 그리고 잊고 지냈던 꿈을 찾아 구체적인 실천 계획을 기록하고 공언했다.

첫째, 직장 생활의 노하우 경험을 책으로 출간한다.

둘째, 직장 선배로서 후배들에게 좋은 영향력을 전파하는 메신저가 된다.

셋째, 구체적으로 꿈을 실현할 버킷리스트를 공언하고 적어서 실행한다.

버킷리스트는 다음과 같다.

첫째, 1주에 3권의 책을 읽는다.

둘째, 1년에 3권의 책을 써낸다.

셋째, 베스트셀러 작가가 될 때까지 도전한다.

넷째, 성공한 1인 기업가이자 최고의 메신저, 강연가가 된다.

다섯째, TV에 출연하여 강연한다.

여섯째, 아내에게 벤츠를 선물한다.

나는 책을 읽는 독자에서 작가가 되는 목표를 실행에 옮겼다. <한책협>에서 진행된 공동저서 《미래일기》에 참여하여 첫 책을 품에 안았다. 분량은 한 꼭지였지만 작가로서의 데뷔를 알리는 신호탄이었다.

"장애물 때문에 반드시 멈출 필요는 없다. 벽에 부딪힌다면 돌아서서 포기하지 말라. 어떻게 벽에 오를지, 뚫고 나갈 수 있을지, 또는 돌아갈 수 없는지 생각하라."고 NBA의 영원한 농구 황제 마이클 조던은 말했다. "나는 선수시절 9,000번 이상의 슛을 놓쳤다. 300번의 경기에서 졌다. 20여 번은 꼭 승리로 이끌라는 특별 임무를 부여받고도 졌다. 나는 인생에서 실패를 거듭해 왔다. 이것이 내가 성공한 정확한 이유다." 조던 역시 중요한 경기에서 실패하기도 했지만 성공을 이루어냈다.

당신도 새벽을 기적으로 바꾸어 성공의 길로 도전해 보기 바란다. 나는 누군가 꿈을 달성하기 위한 비법에 대해 자문을 구하면, 1초의 망설임도 없이 새벽의 황금시간을 잡아서 원하는 것에 도전하라고 말한다. 아침을 깨우는 닭의 울음소리나 동트는 여명보다 먼저 깨어나길 원한다. 흘려버린 시간은 결코 다시 오지 않는다. 버스 떠난 자리에서 손들지 말고, 버킷리스트를 들고 미리 탑승하도록 하자.

(종이위에 쓰고 +공언하고 +이루어짐을 상상하고 + 실행) × 반복 = 소원을 이루는 법

02
멀티 플레이어를 넘어
글로벌 플레이어가 되자

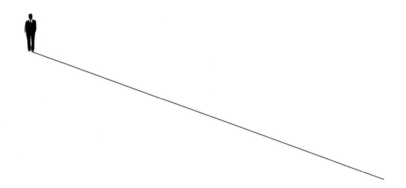

멀티 플레이어란 여러 가지 포지션을 소화하는 능력자이다. 그러나 세계로 뻗어나가지 못하면 우물 안 개구리로 살게 된다. 지금은 많은 기업들과 개인들이 글로벌 세계로 진출하고자 노력 중이다. 앞서 나간 개인으로 보면 축구의 박지성 선수가 있었다. 그는 팀을 위해서 공격과 수비 어느 포지션도 소화할 수 있는 플레이어였다. 맨체스터 유나이티드에서도 인정받은 선수였다. 그리고 전 반기문 유엔 사무총장, 세계 피겨의 여왕인 김연아 선수, 수영의 박태환 선수, 가수 비, 빌게이츠 등이 있다.

글로벌 플레이어는 멀티 플레이어의 전문능력에 미래지향적인 능력을 겸비한 인재를 말한다. 미래지향적인 능력을 확보하려면 성공한 사람들의 책을 통해 간접적인 경험을 오랫동안 쌓아 가는 것이 필수다. 다양한 경험은 뇌 속에서 융합되어 새로운 지식을 창조한다. 미래를 내다보는 선견지명이 생긴다. 글로벌 플레이어의 5가지 조건은 다음과 같다.

첫째, 확고한 목표를 토대로 자기계발에 꾸준히 노력한다.

둘째, 시간을 황금처럼 아끼며 1분 1초도 낭비하지 않는다.

셋째, 경제나 산업혁명의 흐름을 읽어 낸다.

넷째, 글로벌 역량에 대한 경쟁력을 키워 간다.

다섯째, 세계의 흐름에 지대한 관심을 가지고 읽어 내고자 노력한다.

21세기는 아시아의 시대이다. 가까운 대륙의 나라 중국에서는 혁명이 일어나고 있다. 각종 산업 분야에서 하나씩 세계 1위의 고지를 점령해 가고 있는 것이다. 친환경 기업인 중국의 BYD사는 미래전망이 밝은 전기자동차 분야에서 세계 1위로 올라섰다. 반대로 세계적 기업이 중국에 진출하면 맥없이 중국의 토종 기업에 무릎을 꿇는 사례가 늘고 있다. 차량 공유 서비스분야 세계 1위 기업인 우버는 중국 내 1등 기업인 디디추싱에 합병되었다. 중국의 만리장성을 넘지 못하고 중국 기업에 합병되어 버린 것이다.

이제는 일만 잘한다고 살아남지 못한다. 경제에 관심을 가지고 세계적 흐름을 읽을 수 있어야 하며 내가 속한 회사에서 무엇에 집중해야 하는지 캐치해 내야 한다. 자기계발을 통한 글로벌 플레이어의 능력이 요구되는 이유다. 경제신문과 서적을 통해 경제의 흐름을 파악하고 분석하는 습관을 가져야 한다. 외국어 구사는 기본이다. 경제 대국에 맞서려면 그 나라 언어와 문화까지 알아야 적절한 대처가 가능해진다. 개인의 역량 증대가 곧 회사의 역량이자 애국자의 길이다.

대량생산 체제의 분업과 표준화를 통한 노동자 고용사회는 '자동차의 왕' 헨리포드가 1903년 포드자동차 회사를 미국 디트로이트에 설립하며 시작되었다. 자동차 보닛을 열어 보면 가장 중요한 엔진장치부터 냉각장치와 제동장치 등과 같은 수백 가지의 많은 부품으로 이루어져 있다. 자동차 1대에는 2만여 개의 부품이 들어간다. 그로 인한 자동차 산업의 고용창출은 자동차와 자동차 연관 산업인 휘발유에서부터 도로와 주유소 등으로 방대하게 발전시켰다.

또한 차량의 차체를 만드는 철강업과 자동차 할부시장의 금융업 발전으로도 자연스럽게 연결되었다. 그동안 고용사회는 평생직장의 개념을 심어 주었다. 많은 젊은이들이 좋은 학교에 진학하여 괜찮은 직장에 취직하는 것을 한결같은 목표로 삼았다. 입사와 동시에 행복이 보장된 것이었다. 고용사회는 노동자에게 매달 정기적인 급여를 안겨 주어 안정적인 가족생활과 여가를 누릴 수 있게 만들었다. 퇴직 후에는 연금과 퇴직금으로 남은 일생을 보내게 된다. 그러나 이런 일련의 과정은 부모님 세대에서의 일이었다. 평생직장의 노동자 고용사회 개념은 더 이상 없다.

지금은 고용사회 체제의 붕괴가 가속되어 언제든지 칼바람이 몰아칠 수 있는 곳이 직장이다. 1990년 수입 자유화가 되면서 한국의 주요 산업은 본격적인 경쟁사회에 돌입하게 되었다. 수출로 먹고사는 한국으로선 선진국의 시장개방 요구를 수용할 수밖에 없었다. 이마트와 같은 대형유통 할인점이 확산되어 제조업체에 납품가격 인하를 요구했다. 제품가격의 인하로 손익분기점을 맞추지 못한 한국의 제조업이 넘어지기 시작했다. 그 후 인터넷 쇼핑몰과 TV 홈쇼핑 등의 새로운 유통 대기업이 등장하여 제조업에는 더 큰 경영위기를 초래했다.

살아남기 위해 기업들은 구조조정이라는 극단적인 방법을 택했다. 노동자에게 평생직장을 잃게 되는 악몽 같은 현실이 만들어진 것이다. 1997년 11월 IMF 구제금융 요청을 했다는 정부 발표에 기업의 줄도산이 이어졌다. 많은 기업들이 공중분해되었고 직장을 잃고 삶이 어려워진 가족은 해체되었다. 그 결과 수많은 노숙자를 만들었다. 어렵게 살아남은 기업들조차 강도 높은 구조조정만이 대안이 되었다. 지금도 수많은 기업에서 구조조정을 수시로 진행하고 있다.

지금의 세계는 변화무쌍하게 돌아간다. 4차 산업혁명의 흐름은 새로운 세상을 열어 가고 있다. 새로운 세상에는 창작자에게 많은 기회가 올 것이다. 행운의 여신이 모든 분야의 창작자에게 아름다운 미소를 보내오고 있다. 앞으로는 어떤 것이든지 당신이 잘 할 수 있는 것을 찾아내 그 재능을 활용하여 소득원을 만들 수 있다. 책이나 만화일 수도 있고 스포츠 분야일 수도 있다. 또는 프로그램이나 디자인이 될 수도 있다. 당신의 창의적 재능으로 미래를 열어 가는 것을 고려해도 좋다. 지금 그 길은 누구에게나 열려 있다.

문샷은 달 탐사선 발사를 뜻한다. 달을 조금 더 잘 보기 위해 망원경 성능을 높이는 대신에 달에 사람을 보내겠다는 혁신적인 발상이었다. 1962년 9월 존 F 케네디 미국 대통령에게서 비롯되었다. 그의 발상은 10%의 개선이 아니라 10배의 혁신을 하겠다는 '문샷 싱킹(moonshot thinking)'이었다. 단순한 생각에 머무르지 않고 불가능해 보이는 혁신적 사고를 실행으로 이끄는 것이다. '하이리스크 하이리턴'의 추구이지만 도전하지 않는 기업이나 직원은 언제 사라지게 될지 모른다. 직장인 대부분은 일이 바쁘다는 핑계로 꿈과 목표를 잊고 살아간다. 나도 그랬다. 그러나 늦었다고 생각할 때가 가장 적절한 시기다. 세르반테스는《돈키호테》에서 다음의 명언을 남겼다.

"이룩할 수 없는 꿈을 꾸고 이루어질 수 없는 사랑을 하고 싸워 이길 수 없는 적과 싸움을 하고 견딜 수 없는 고통을 견디며 잡을 수 없는 저 하늘의 별을 잡자."

돈키호테는 기사수업에 나서며 무모할 정도로 자신의 꿈을 굽히지 않았다. 세상의 성공한 사람들 역시 무모할 정도의 뚝심으로 이겨 낸 사람들이 대부분이다. 그런데도 바쁘다는 핑계를 위안으로 삼아 현실과 타협하여 재미없는 인생을 살 것인가? 가슴이 시키는 뜨거운 일에 도전하며 살 것인가? 자신이 진정으로 원하는 것을 찾아 실행에 옮겨 보도록 하자. 큰 포부를 그리고 잘게 쪼갠 후 작은 부분부터 실천해 가면 된다. 멀티 플레이어를 넘어 글로벌 플레이어가 되어 있는 자신의 모습을 상상하고 즐기며 도전해 가기 바란다.

03
제대로 배운 업무습관이
평생 간다

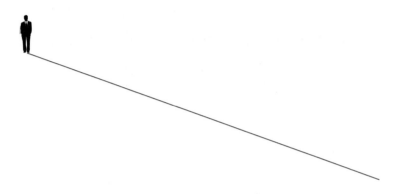

"빵 빵 빵~"

요란한 클랙슨 소리와 뒤이어 번쩍이는 헤드라이트!!!

38번 국도를 달리고 있던 중 계속되는 클랙슨 소리와 헤드라이트의 불빛이 나를 따랐다. 혹시 보복운전이 아닐까? 불안감이 온몸을 타고 엄습해 왔다. 엄청난 속도로 내 차를 추월한 그 차가 앞길을 막고 급정거를 했다가 가기를 수차례 반복했다. 비상등을 켜고 천천히 운전하며 간신히 옆을 지나면서 죄송하다는 표시를 몇 번이나 하고 나서야 겨우 진정되었다. 생각해 보니 그 차량이 유턴을 시도하는 중에 내가 신호만 보고 직진했었던 것이 원인이었던 것 같다. 그 일이 있은 후부터는 방어운전에 좀 더 주의를 기울였다. 보복운전도 습관이고 방어운전도 습관으로 만들어진다. 운전 초기에 잘못된 습관이 굳어지면 평생이 괴롭다.

습관이란 일주일씩 3회에 걸쳐 21일만 실행하면 성공적으로 정착된다. 늦어도 30일만 실행하면 우리의 뇌리에 깊이 새겨져 습관화가 된다. 내가 전세로 살던 곳에서 벗어나 새 아파트로 이사했을 때였다. 전에 살던 아파트는 9층이었고 새로 입주한 아파트는 4층이었다. 한동안은 엘리베이터를 타고 생각 없이 버튼을 누르면 9층을 누르는 실수가 있었다.

"안녕하세요? 몇 층이세요?"
양손에 물건을 들고 엘리베이터를 타는 같은 라인 주민에게 물었다.
"11층입니다. 감사합니다."
띵동 소리와 함께 4층에 엘리베이터가 멈추고 문이 열렸다.
"4층이시군요. 들어가세요."
"네, 수고하…들어가세요." 순간적으로 말이 꼬여서 나왔다. 습관적으로 회사에서 사용하는 '수고하세요.'가 먼저 튀어 나온 것이다. 이런 현상은 습관이 잠재의식 속에 각인되어 무의식적인 행동으로 나타난다.

습관적으로 야구의 도루에서처럼 세이프를 외치며 출근했다고 생각해 보라. 땀과 범벅이 되어 출근하면 머리는 어지럽고 오전근무는 잡념으로 가득해진다. 한마디로 시말서 감이다. 아침시간은 오후에 비해 집중력이 세 배 이상 높은 황금시간이다. 삼십 분 일찍 출근하여 오늘 할 일을 중요도 순으로 정리하고 실행하는 습관이 무엇보다 중요한 것이다. 치밀한 계획과 완벽한 준비는 성공적인 결과를 낳는다. 목표가 뚜렷한 사람은 빠르게 원하는 모습으로 성장한다. 목표를 설정하는 작업은 삶에 활력을 불어 넣는다. 목표를 세우게 되면 행동을 하게 된다. 실천하는 행동은 하루를 보람 있게 만든다. <u>반대로 목표가 없으면 자신도 모르게 엉망진창으로 변해 간다. 킬리만자로의 표범처럼 퇴근 후 술자리라는 먹이를 찾아 밤거리를 어슬렁거리게 된다.</u> 이러한 모든 것이 습관에서 비롯된다.

구체적인 실행계획을 종이에 적는 습관이 있다면 목표에 도달하기는 한결 쉬워진다. 김상운 작가는 저서 《왓칭》에서 목표달성과 관련한 실험사례를 소개했다.

세필드 대학의 쉬랜과 웨브교수는 학생들에게 "다음 주에는 몇 시간이나 공부할 거죠?"라고 물었다. "35시간요." "40시간은 해야죠." 교수들이 다시 말했다. "그럼 목표로 정한 공부시간을 종이에 적어 볼래요?" 학생들이 지시대로 목표 시간을 적은 뒤, 교수들이 일부 학생을 따로 불러 딱 한 가지 질문을 보태 보았다. "언제, 어디서, 몇 시간씩 공부할 건가요? 그것도 종이에 적어볼래요?" 학생들은 시키는 대로 종이에 적었다. 일주일이 지났다. 이들은 몇 시간이나 공부했을까? 총 공부 시간만 목표로 적은 학생들은 평균 10시간 공부를 했다. 그러나 언제, 어디서, 몇 시간씩 공부할 것인지 함께 적은 학생들은 평균 35시간의 공부를 했다. 구체적인 행동계획을 적은 학생들이 목표에 근접한 결과를 보였다.

직장 업무에서도 마찬가지다. 매년 초에 수립한 업무 계획을 끝까지 진행하는 사람이 몇이나 될까? 대부분 중도에 잊어버리기 십상이다. 그리고 업무평가 시기가 돌아오면 '아차' 하는 것이다. 업무 목표를 제대로 실행하려면 항목별로 년, 월, 주, 일간의 순서로 일정표를 만들고 실천하는 습관을 몸에 익혀야 한다. 또한 매일 아침마다 일정표를 점검하고 업무의 우선순위를 정하여 실행해야 한다. 우선순위는 다음과 같이 정한다.

첫째, 상사가 특별히 요청하는 것은 최우선이다.
둘째, 긴급하고 중요한 일은 차선이다.
셋째, 긴급하지만 중요도가 떨어지면 차차선이다.
넷째, 긴급하지 않지만 중요한 것은 마지막으로 한다.

프로젝트는 세부적인 실행 리스트를 정리하여 로드맵을 만든다.

로드맵에는 실행 항목별 담당자와 납기를 설정해 둔다. 그리고 일, 주, 월별로 업무시간을 배분한다. 일에는 마감시간이 반드시 필요하다. 긴급성 업무는 꾸미지 말고 파악되는 즉시 보고한다. 빈틈없이 일정을 잡고 여러 상황을 예측하여 준비하는 습관만 있으면 당황할 일은 없다.

나는 힘든 시련을 이겨내고 성공한 사람들의 책을 읽으면 기분이 좋아진다. 책을 통한 간접경험은 내면의 자아의식을 활성화시킨다. 내면의 열정을 끊임없이 만든다. 열정을 유지하는 것은 어려운 일이다. 습관화된 노력이 있어야만 가능하다. 열정의 불꽃을 계속 살리려면 성공자의 의식을 끊임없이 받아들여야 한다. 자신이 정말 원하고 잘할 수 있는 것을 목표로 삼으면 에너지가 끊임없이 분출된다. 여기에는 3가지 조건이 있다. 사회에 유익하고, 자신을 성장시키고, 사람들을 행복하게 만드는 것이라야 지속된다. 퇴근 후 동료하고만 어울리면 세상물정에 어두워지므로 새로운 교류를 가지려는 노력도 해야 한다. 새로운 분야의 교류회나 세미나에 참석하면 된다. 각 지역별 시청에서 할인 운영하는 프로그램은 적은 비용으로도 괜찮은 세미나가 다양하다. 다양한 직종의 사람들과 세대를 뛰어넘는 교류는 단편적인 시야에서 광대역 LTE급 안목을 장착한다.

가난은 대물림이 아니다. 내가 하고 싶은 일의 뚜렷한 목표를 향해 꾸준히 노력한다면 원하는 삶을 얻는다. 해보지 못한 일이 아니라, 아직 하지 않은 것뿐이다. 남만큼 해서는 이룰 수 없다. 더 많은 땀과 노력을 쏟아야 된다. 다이아몬드와 숯의 원소는 똑같은 탄소이다. 그런데 어떤 것은 보석이 되고 어떤 것은 숯이 된다. 다이아몬드는 지하 200km 이상에서 감람석의 킴벌라이트가 매우 높은 압력과 열을 받아 만들어진다. 그리고 58면으로 갈리는 과정을 수 없이 거친 후에 화려한 보석으로 탄생한다.

어떤 분야든 하나의 작품이 탄생하려면 상상을 초월하는 노력과 희생이 필요하다. 츄파츕스와 같은 달달한 미래는 그냥 생기지 않는다. 같은 출발점에서 시작한 동기라도 시간이 지날수록 역량의 차이가 벌어진다. 눈부신 다이아몬드 인생은 자기계발의 습관에 있다. 꾸준함은 뛰어난 재능을 능가한다. 업무습관은 생존조건이다. 마음의 내비게이션에 목적지를 설정하고 느리더라도 꾸준히 정진하는 습관을 장착하길 바란다.

04
두려움이 아닌
열정으로 시작하라

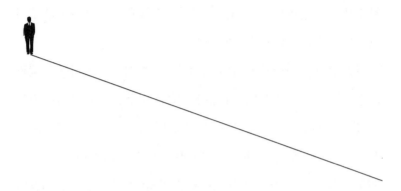

오후 늦게 긴급회의가 소집되었다. 업무 관련 이슈나 전달사항이 있으면 자주 있는 일이었기에 삼삼오오 농담을 주고받으며 회의실에 자리를 잡았다.

"오늘 퇴근하고 한잔 어때!"

술사모(술을 사랑하는 모임)의 회장이라 자칭하는 동료가 호시탐탐 저녁 술자리를 노렸다.

잠시 후 상사가 심각한 표정으로 들어왔다.

"이번에 대규모 설비기획 신생부서가 생긴다는 소문은 다들 들어봤지?"

"네, 설비운영 기획팀이 생긴다고 들었습니다."

정보통이 밝은 친구가 상사의 말을 잽싸게 받았다.

"맞아! 그 건으로 각 부서별 한 명씩 전배를 시키라는 지시가 내려왔어!"

일순간 찬물을 끼얹은 듯 개미 발자국 소리도 들릴 만큼 회의실이 조용해졌다.

"혹시, 희망자 있으면 손들어 봐?"

누구하나 미동조차 없었다. 눈동자 돌아가는 소리조차 들리지 않았다. 머릿속으로는 당면한 위기를 빠져나갈 계산들을 하고 있었다. 생짜배기 업무는 두려움의 대상이다. 자신의 이름이 호명될 수 있다는 두려움에 누구 하나 상사와 눈을 마주치지 않으려 애쓰고 있었다. 나는 업무노트에 시선을 고정한 채 생각에 잠겼다. 신생부서는 하나에서 열까지 모든 업무를 셋업해야 한다. 대인관계도 새로 쌓아야 한다. 현재 부서에서는 잔업 없이도 충분한 성과를 만들고 인정받을 수 있다. 굳이 불확실한 부서로 자리를 옮겨서 생고생을 할 이유가 없다. 이십여 분의 시간이 순식간에 지나갔다.

"제가 지원하겠습니다."

더 이상 버티는 것은 무리였다. 나는 새로운 도전에 마음을 결정하고 손을 들었다.

"오케이, 좋았어! 스스로 지원해 주어 고맙네."

모두 안도의 숨을 내쉬며 축하와 아쉬움의 박수를 보내왔다.

다음 날 오전에 책상을 정리하고 자리를 옮겼다. 자리를 배정받자마자 해보지도 않았던 과제가 산더미였다. 짧은 후회가 스쳐갔지만 새로운 열정을 지펴보기로 했다. 간간이 이전 부서 팀원들을 만나면 부럽기까지 했다. 반년이 지나자 현장에서는 보이지 않던 굵직한 문제들이 보였다. 빙산의 바닥을 볼 수 있는 안목이 생긴 것이다. 부서 전배가 또 다른 배움의 기회와 큰 성과를 낼 수 있는 기회가 되었다. 고수가 되어 가는 자부심을 느꼈다. 이때 배운 업무능력은 지금까지 어떤 부서로 이동해도 빛을 발하고 있다. 두려움을 갖기보다는 열정으로 도전하는 것이 백배 천배 낫다는 지론이 생겼다.

아쉬운 점은 일에만 몰두하면 놓치는 것이 있다. 건강이 급속도로 나빠졌다. 상시 적절한 운동을 병행하지 않으면 스스로 직장수명을 단축하는 운명을 맞게 된다. 운동은 건강뿐만 아니라 감정조절에도 탁월하다. 충동적인 표현이나 행동에 제어능력이 생긴다. 긍정적인 사람으로 탈바꿈되고 업무능력이 향상된다. 무뚝뚝한 표정은 인자한 미소로 바뀐다. 인생은 마음먹기 나름이다. 두려움을 이겨내는 마음 앱을 설치하고 새로운 도전에 나서는 용기가 있어야 한다. 도전하지 않으면 아무것도 바뀌지 않는다. 고난과 역경은 미래의 존재 가치를 빛내기 위한 일련의 과정일 뿐이다. 잘나가는 사원이라고 성공에 도달한다고 말할 수는 없다. 성공을 끌어당기는 법칙은 무엇일까? 그동안의 경험을 기반으로 다음과 같이 정립했다.

(도전 × 열정 × 몰입) +신념 = 성공을 부르는 법칙

미국의 육상선수이자 모델이며 영화배우의 재능까지 지닌 아름다운 여성이 있었다. 그녀는 타임지가 선정한 '세계에서 가장 아름다운 여성 50인'에 이름을 올리기도 했다. 선천적으로 종아리뼈가 없이 태어나 1살에 두 다리를 절단하게 되었다. 그리고 의족을 사용하게 되었다. 삶 자체가 절망적으로 생각될 수 있으나 그녀는 명랑함을 잃지 않았다. 그리고 장애로 인한 운동부족을 극복하고자 뛰고 또 뛰며 체력단련을 시작했다. 어엿한 운동선수를 꿈꾸면서 말이다. 그리고 1996년 애틀란타 패럴림픽 육상부문에서 세계신기록이라는 인간 승리를 만들었다. 이후 그녀는 도전 정신과 아름다운 외모로 스포트라이트를 받으며 패션쇼 모델로 데뷔했다. 사람들이 장애를 이겨내고 성공할 수 있었던 비결을 물으면 그녀는 이렇게 말했다. "역경은 삶을 유지하기 위해 피하거나, 넘어서야 하는 장애물이 아닙니다. 역경이야말로 우리의 자아와 능력을 일깨우고 우리 자신에게 선물을 가져다주기 때문입니다." 내면과 외면의 모든 면에서 아름다움이 빛나는 그녀의 이름은 에이미 멀린스다.

우리의 뇌는 원하는 대로 따라온다. "나는 잘하고 있어." 그리고

"잘 해 나가고 있어."라고 자신에게 말하면 당신의 뇌는 그대로 받아들이고 행동으로 옮긴다. 확고부동한 목표를 세우고 몰입하면 목표 이외의 온갖 잡동사니는 보이지도 들리지도 않는다. 목표에 집중하면 열정이 생기고 열정은 두려움을 이겨낸다. 인간은 생각대로 살지 않으면 사는 대로 생각하게 된다. 머리가 아닌 심장이 시키는 대로 따라가야 한다. 꿈을 향해 도전하는 당신에게는 어떤 장벽도 더 이상 장애물이 아니다. 뛰어넘을 수 있는 허들일 뿐이다.

사랑하는 사람을 생각해 보자. 데이트 약속이라도 잡으면 뇌에서는 쾌감 호르몬인 베타 엔돌핀이 분비된다. 당신의 눈은 반짝거리는 보석이 되고 몸에는 생기가 돈다. 베타 엔돌핀은 우리 몸에서 생성되는 신경물질로 마약과 유사한 기능을 가지고 있다. 운동을 할 때는 5배 이상 증가하며 효과는 일반 진통제의 수십 배라고 한다. 자신의 일을 사랑하고 긍정적으로 추진할 때도 엔돌핀이 생성된다. 반면 부정적인 사고는 스트레스 호르몬인 노르아드레날린이 생겨서 우울증을 유발시킨다.

삼시 세끼 식사를 잘 챙겨야 꾸준한 열정을 이어갈 수 있다. 나는 신입 시절에 아침잠을 보충하기 위해 아침을 거르거나 우유 하나로 해결하고는 했다. 이것저것 바빠서 점심은 10분이 걸리지 않을 정도로 급하게 먹었다. 불규칙한 식사 습관과 배고픔으로 저녁은 매번 과식이었다. 그 시절에는 혈기 왕성한 20대여서 건강에 문제가 없었다.

그러나 30대에 들어서자 20대의 잘못된 식습관 영향이 나타났다. 식사를 빨리하면 체하는 것이었다. 한번 체하면 컨디션이 급속도로 떨어졌다. 그때서야 생활 습관의 중요성을 깨달았다. 매 끼니 식사는 적정량을 천천히 즐긴다. 그리고 규칙적인 운동을 통해 건강한 생활을 유지하고 있다.

나의 지인 중에는 당뇨병으로 고생하는 사람이 많다. 대부분 젊은 시절부터 20년이 넘도록 아침을 챙기지 않았다고 한다. 점심이나 저녁에는 부족한 식사 분량까지 합쳐서 과식을 즐겼다. 배고픔에 식사 속도는 초고속으로 10분도 채 걸리지 않는다고 한다. 매일 격무에 시달리다 보니 운동할 시간은 없고 술자리는 잦았다고 했다. 그러던 어느 날 어지러움이 지속되어 병원에 갔다가 심각한 당뇨 진단을 받았다고 했다. 그 후 매일 혈당을 체크하고 약을 복용하고 있었다. 직장인 대부분은 스트레스와 잦은 술자리로 당뇨병에 걸릴 확률이 높다. 건강을 위해 경계해야 할 대상 1호인 것이다. 나는 삼시 세끼 적당량의 식사와 하루 30분 빨리 걷기로 건강을 유지한다. 건강해야 어떤 도전도 두렵지 않다. 성공은 결심한 것을 행동으로 옮기는 용기와 결단력에서 시작된다. 어영부영 시간이 흐르면 결심은 무뎌진다. 일단 행동을 시작하면 관성의 법칙이 작용하여 훨씬 쉬워진다. 행동하는 결단력과 용기만 있으면 성공 인생을 경영하게 될 것이다.

05
틈새 자기계발을 하라
매일 10분이면 1년 60시간이다

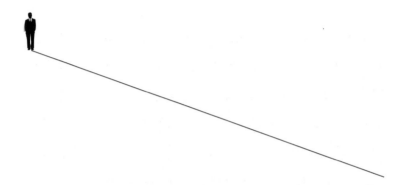

하루 24시간 중에 10분은 매우 짧은 시간이다. 커피 한잔에 동료와 수다를 떨기에도 넉넉하지 않다. 우리는 입버릇처럼 시간이 부족하다는 핑계를 만들어 낸다. 퇴근하고 집에 돌아오면 저녁을 먹고 나서 TV 앞에 앉는다. 드라마나 영화 한 편을 보고 나면 두 시간을 소비한다. 그럼에도 우리는 시간이 없다고 말하는 것에 익숙해져 있다. 인간 행동의 80%는 무의식적인 습관이다. 식후에 커피 한잔을 찾는 것도 습관이다. KBS 수요기획팀에서 출간한 《하루 10분의 기적》에서 습관에 대해 다음과 같이 전한다.

"뇌 과학 실험 결과, 아무리 싫은 일도 3일씩 10회만 계속하면 버릇이 되고 습관이 된다는 것이 입증됐다. 뇌는 무언가를 달성할 때 즐거움을 느낀다. 이때 뇌는 좋은 기분을 유지하기 위해 도파민, 세로토닌 등의 쾌감을 유발하는 신경전달물질을 내보낸다. 뇌가 우리에게 상을 주는 것이다. 이 과정을 반복하면 습관이 된다. 이런 현상을 뇌 과학에서는 '강화학습'이라고 한다."

그러므로 누구나 틈새 자투리 시간을 자기계발에 활용하려는 의지만 있으면 된다. 처음 한 번의 실행만 있으면 그 다음은 쉽다. 장작에 처음 불을 붙이기는 어렵지만 일단 불이 붙으면 잘 타오르는 것과 같다. 한 달만 집중하면 습관으로 정착된다. 일부 동료는 점심식사 후 남는 시간을 자기계발에 활용하고 있다. 업무수행에 도움이 되는 외국어 공부를 한다. 나는 한때 중국 현지인과 전화로 진행되는 10분 수업을 즐겼다. 하루 10분의 힘으로 중국 현지에 다녀온 느낌까지 받았다. 그러나 대부분 직장인은 틈새시간을 수다와 함께 낭비해 버린다. 짧은 시간이기에 활용법에 따라 능력의 격차와 미래가 바뀐다는 것을 모르기 때문이다.

당신이 낭비하는 시간을 누군가는 책과 씨름하며 경험과 지식을 늘려 간다. 틈새시간을 아끼려면 손에서 책을 놓지 않는 것이다. 약속장소에서 친구를 기다릴 때, 기차나 전철을 타고 이동할 때도 읽을 수 있도록 가방에 넣어 다닌다. 나는 손에서 책을 놓지 않는다는 뜻인 수불석권의 습관을 가지고 있다. 마트나 식당 등 어디를 가든 한권의 책을 들고 다니며 몇 분의 틈만 생겨도 읽는다.

어느 기관에서 직장인을 대상으로 스트레스 설문조사를 실시한 결과 95%의 사람들이 스트레스에 시달린다고 답했다. 단 5%의 사람만이 스트레스를 받지 않는다고 했다. 나도 40대 후반이 되자 건강검진에서 질병의 증세가 조금씩 보였다. 직장 스트레스 지수도 급격히 올라갔다는 검진 결과가 나왔다. 종합 결과는 운동부족으로 건강을 유지해야 한다는 처방이었다. 무리한 운동보다는 가볍게 빨리 걷기를 하루 30분 실행하기로 결정했다. 매일 저녁시간을 활용해 빨리 걷기를 2회에 나누어 실행했다. 참고로 천천히 걷는 것은 운동효과가 없다. 빨리 걷기는 어깨와 척추 뼈를 쭉 펴고 팔은 힘차게 저으며 최대한 빠르게 걷는다. 머릿속으로는 온몸의 세포 하나하나가 살아 있는 것을 느껴야 한다. 운동을 통해 건강과 자신감이 더해졌다는 것을 느낄 수 있다.

대부분 직장인들은 하루 온종일 건물 내에서 근무를 한다. 그로 인해 '선샤인 비타민'이라는 비타민 D의 부족에 시달린다. 건물 안에서 근무하는 직장인은 햇볕을 가까이하기 어렵다. 이는 무기력증을 동반하고 자신도 모르는 사이에 우울증이 찾아든다. 물론 비타민 D가 들어 있는 치즈, 연어 등의 음식의 섭취로도 가능하다. 또는 건강식품 보조제로 보충이 가능하다. 그러나 햇빛을 통한 천연 비타민이 우리 몸에는 가장 좋다. 점심시간을 활용해 10분 산책만으로도 충분하다. 산책을 통해 머릿속의 복잡한 상황들을 잠시 내려놓고 자연과 햇빛의 친구가 되는 것이다.

나는 점심 후 시간을 활용하여 회사 내의 수풀 속 둘레길을 혼자 걷는다. 자연과 동화되는 시간을 갖는 것이다. 업무 고민은 잠시 내려놓고 머리를 비운다. 풀과 나무에게 말을 건넨다. 가끔 만나는 이름 모를 풀꽃은 꼬마 아가씨라는 별명을 붙여 주었다. 잠시 가던 길을 멈추고 눈을 감으면 보이지 않는 자연과 교감을 할 수 있다. 흙길을 통해 자연의 기운이 내 몸을 타고 흐르며 들리지 않던 수많은 자연의 소리가 들린다. 가슴이 시원해지고 정신이 맑아진다. 수많은 생명들과 함께할 수 있음에 감사를 느낀다. 20여 분의 시간 동안 자연이라는 사이클과 동화되면서 육체적·정신적 건강을 회복하니 이렇게 귀한 시간이 또 어디에 있을까. 짧은 시간이지만 자연을 받아들이면 우울감이나 불안감이 치유되는 것을 느낄 수 있다. 나는 이 시간을 중독성 있는 '자연치유 힐링타임'이라 명했다.

매일 10분씩 자기계발에 투자하면 1년에 60시간이나 된다. 책 한 권을 읽을 때 4시간이 소요된다면 1년에 15권의 독서를 할 수 있는 시간이다. 10년이면 150권의 독서량이 된다. 틈새 자기계발로 전문가 수준의 성과를 올리는 최고의 습관을 만들 수 있는 것이다. 정치가이자 뛰어난 웅변가인 윈스턴 처칠은 옥스퍼드대학 졸업식 축사에서 다음과 같이 말했다. "Naver give up" 포기하지 마라. 그리고 잠시 침묵하더니 "Naver Naver give up" 절대로 포기하지 마라고 했다. 틈새시간 활용에 최선을 다하면 당신의 일과는 더욱 알차게 변한다.

하루 일과를 적어 보며 나만의 자투리 시간을 더듬어 사용하기 바란다. 반복되는 일상의 습관에서 미처 느끼지 못했던 부분을 찾아 활용하도록 한다. 현재에 만족해선 아무것도 이룰 수 없다. 대부분의 직장인은 맹목적으로 출근하고 일하고 퇴근한다. 요즘 100세 수명에 대한 언론보도가 자주 나온다. 과학과 의술의 발달로 100세 시대 그 이상을 바라보고 있다. 그러나 회사는 다르다. 50세에 접어들면 구조조정 대상 1순위에 오르기 쉽다. 남과 다른 노력이 있을 때 회사의 성과 창출에 기여하는 훌륭한 성공자의 모습으로 거듭난다. 누가 알아주지 않아도 맡은 업무에서 전문가로 성장하면 미래가 밝다.

지금은 전문지식으로 무장한 학자나 석·박사만 지식창조가 가능한 게 아니다. 평범하게 자신의 자리에서 최선을 다해 온 직장인도 경험과 지식으로 세상을 채울 수 있다. 열정적인 업무 속에서 축적된 지식이 자신의 비밀병기로 둔갑하게 된다. 거창하지 않아도 된다. 자신의 경험이 누구나 다 아는 것이라 생각할 수 있다. 하지만 지나온 시절을 되돌아보면 과연 그럴까? 최선을 다했던 경험과 누적된 지식은 크고 단단한 자신만의 비밀병기라는 점을 밝힌다. 성공은 1만 시간의 노력이 만든다. '1만 시간의 법칙'은 어떤 분야에서든 열정을 다해 1만 시간을 채우면 그 분야에서 최고 전문가(Expert)가 될 수 있다는 것이다. 주 40시간을 일하는 당신이라면 약 5년의 근무로 1만 시간을 채우게 된다. 퇴근 후 자기계발 분야의 목표를 설정하고 하루

3시간을 투자하면 10년 내에 채우게 된다. 어떤 분야든 1만 시간의 열정을 채우면 전문가라고 자신을 소개할 수 있다. 노력은 반드시 성과를 보장한다. 하루 24시간 중에 10분은 작지만 큰 자산이다. 자신의 인생을 사랑한다면 1분 1초도 아껴 쓰도록 하자. 이제는 시간의 지배자로 거듭나야 한다. 버려지는 틈새시간을 모아서 나에게 투자하는 습관을 만들어 변화를 꾀하자. 틈새시간 10분이 당신의 인생을 송두리째 바꾸어 놓을지도 모른다.

06
내일이 마지막인 것처럼
일하라

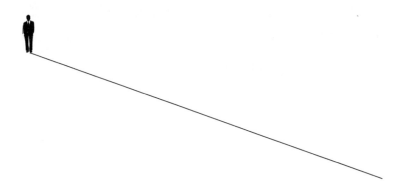

성공을 부르는 1%의 습관을 가진 사람들은 시간 활용이 남다르다. 업무시간에는 최선을 다하여 일을 해내고 퇴근 후에는 자기계발에 매진한다. 그러나 대부분의 직장인은 평범한 일상을 찾는다. 퇴근후 함께 즐길 밤 문화의 동료를 섭외한다.

"김 대리, 퇴근하고 당구나 볼링 한 게임 어때."
"오늘 저녁에 아내와 영화 보러 가기로 해서 어렵겠네."
"아~, 그래. 그럼 다음에 보자."
여기저기 전화를 돌리다 보니 벌써 다섯 번째 통화를 시도 중이다.
"이 대리, 오늘 저녁에 소주 한잔 어때? 뭐라고 조까네…? 하하하! 조까네라 그래서 욕하는지 알았네. 족가네 족발에 한잔 하자고? 알았어!"

수화기 너머로 오케이 사인이 도착했다. 그리곤 퇴근시간만 학수고대한다.

모임이 없으면 귀가하여 TV 프로그램 시청으로 시간을 보낸다. 다시보기 드라마를 찾아서 한꺼번에 돌려본다. 나도 많은 시간을 허비하며 살았다. 각종 모임의 술자리와 당구문화에 익숙해져 있었다. 나는 지금까지 단 한 번도 꿈이나 목표를 정하고 도전해 보라는 조언을 주변에서 들어본 적이 없었다. 많은 아쉬움이 남는다.

<u>살다 보면 열심히 하는데도 잘 안 풀리는 경우가 많다. 아무리 뛰어도 제자리며 뒤로 넘어져도 코가 깨질 것 같다. 이런 현상은 슬럼프의 신호다. 슬럼프는 잠시 휴식을 취하라는 잠재의식의 손짓이다.</u> 쉬지 않고 달리면 목표에 도달하기 전에 지쳐서 포기할지 모른다. 잠재의식이 당신의 신체와 정신 건강을 돌보는 것이다.

나는 글을 쓰고 지우기를 반복하며 원고를 쓴다. 며칠째 한 줄도 쓰지 못할 때가 있다. 원하는 글이 써지지 않는다. 글쓰기 슬럼프가 왔다. 이럴 때는 다른 작가의 책을 읽는다. 또는 좋아하는 영화를 보러간다. 회사 일이 잘 풀리지 않을 때도 마찬가지다. 마음을 비우고 기분전환을 통하여 슬럼프 탈출을 꾀해야 한다. 자신이 즐거워하는 일에 몰입하는 것이다.

퇴직한 동료나 선후배의 창업은 당구장, 치킨 집, 음식점이 거의 전부다. 창업 처음에는 장사가 제법 되는 것 같지만 일정한 기간이 지나면 손님이 줄어든다. 손님이 줄어들면 매출이 떨어지고 적자로 돌아선다. 적자가 지속되는 과정에서도 초기 투입된 비용 때문에 쉽사리 가게를 닫지 못한다. 적자에 적자가 쌓여서 빚만 잔뜩 짊어지면 모든 것을 체념한다. 퇴직 후에 치킨 집을 운영했던 지인의 말을 빌리면 다음과 같다.

"퇴직금으로 통닭 튀기지 마라. 처음엔 잘나갔는데 알고 보니 매출 손님 대부분이 지인이었다. 시간이 지나면서 손님이 줄고 보관 중인 닭은 신선도가 떨어졌다. 그 영향으로 손님은 점점 더 줄었고 폐업을 할 수밖에 없었다."

음식점을 하는 지인도 마찬가지였다. 하루 종일 힘들게 일하지만 인건비의 절반도 나오지 않는다고 했다.

성공한 1%의 창업자는 어떻게 창업을 준비할까? 직장 생활을 하면서 자기계발을 통해 미래의 창업을 대비한다. 성공한 사람들의 방법과 마인드를 읽고 창업의 통찰력을 키운다. 마케팅 관련 서적을 통해 자신만의 비법을 연구하고 만든다. 창업 전에 창업 박람회를 통해서 디테일하게 연구한다. 치킨 가게를 운영하고자 해도 마찬가지다. 준비가 철저히 되고 나서 대출 없이 작은 평수에서 정성과 맛으로 승부하는 가게를 오픈한다. 통통하게 살이 오른 치킨을 항상 깨끗한 기름에 바삭하게 튀겨낸다. 여기에 적절한 블로그 마케팅을 접목한다. 입소문으로 매출이 지속적으로 오른다. 이처럼 구체적인 성공의 비법을 만들고 프로세스를 정리하여 접목한 사람만이 자영업에서 살아남는다. 창업은 혁신적이고 유연해야 한다. 무작정 남을 따라하면 곳곳이 지뢰밭이다. 직장에서 수 없이 고민하여 해결책을 찾아 추진했던 업무 과정처럼 창업도 그래야 한다. 자신이 가장 잘하는 분야를 선택하고 장점을 잘 살려야 성공 가능성이 높다. 《장사는 전략이다》의 김유진 저자는 외식업 성공을 위한 방법으로 다음과 같이 조언한다.

"만약 돈가스라는 아이템이 하고 싶으면 <수요 미식회>나 <백종원의 3대 천왕>, <찾아라! 맛있는 TV>를 싹 다 뒤져서 리스트를 만들어라. 이를 근거로 하루에 서너 곳씩을 방문해야 변별력이 생긴다. 이 약속만 지킬 수 있다면 당신은 내일부터 맛 칼럼니스트라는 타이틀을 써도 문제없다. 만약 10개로 업장이 정리되었다면 방문하고 시식하고 메모하라. 절대 단점을 찾아서는 안 된다. 살아남고 싶으면 장점을 찾아야 한다. 이 세상에서 가장 어려운 일이 남의 장점을 찾는 거다. 단점은 쉽게 보인다. 그래서 이러쿵저러쿵 비판을 늘어놓을 수 있다. 반면에 장점을 찾아내기는 정말 어렵다. 알아야 보이기 때문이다. 아는 만큼 보이기에 습자지 같은 얇은 지식과 정보로는 절대 흥하는 집의 장점을 찾아낼 수 없다. 그래서 반복적인 학습이 필요하다. 벤치마킹은 괜히 다니는 게 아니다. 돌면서 각 매장의 장점을 찾아내고 그것들을 나의 메뉴와 식당에 접목해야 의미가 있다. 여러분들이 찾아내는 교집합(공통점)이 바로 고객이 원하는 맛이다."

최소한 자신의 분야에서는 전문가란 말을 들어야 그 분야에서 살아남는다. 전문가가 되려고 결심했다면 '돈가스 창업'을 위한 위의 사례에 동조하게 되었을 것이다. 먼저 선배들의 우수한 업무사례의 장점을 모아 내 것으로 만들어 간다. 또한 관련된 분야의 우수한 업무 사례를 찾고 모아서 분석하여 내 업무에 접목한다. 업무를 효율적으로 하고자 노력하면 얼마든지 방법을 찾을 수 있다. 그것이 곧 자신의 미래를 밝게 비추는 일이다.

나는 회사 업무 중에 6시그마 툴을 배워 지금까지 유용하게 활용하고 있다. 많은 사람들이 단순한 툴로만 인식하여 업무에 접목하는 것을 배제한다. 내 생각은 다르다. 한정된 자원으로 문제점을 풀어내고 결정하고 추진하기에 6시그마는 엄청난 위력을 지녔다. 다만 자신의 것으로 익숙하게 만들었을 때 가능하다.

6시그마 기법 중에 문제분석 툴인 파레토 도와 프로세스 맵은 매우 유용하다. 파레토 도는 불량과 고장 등의 발생건수와 손실되는 금액을 항목별로 발생 빈도별 순으로 나열하고 누적 합을 보여주는 그래프다. 단순한 그래프로 생각하지만 업무에 적용했을 때의 효과는 상상 이상으로 나타난다. 모든 업무의 분석과 추진에 활용한다면 최소 투자로 최대 효과를 창출하는 방법이 된다.

6시그마에는 문제의 정의 기초분석에서 분석과 개선 그리고 개선 결과의 유지관리 방법이 총체적으로 오롯이 담겨 있다. 어떤 분야에서든 기본적인 분석에서부터 개선까지 유용하게 쓰인다. 회사 업무뿐 아니라 개인적인 사업에 적용해도 응용 가치가 뛰어나다.

나는 퇴근 후 반드시 필요한 프로그램 이외의 TV시청은 하지 않는다. 단순한 재미는 오래전에 포기했다. 효율적이고 생산자적인 활동에 시간을 투자한다. 마케팅과 메신저 역량 향상에 열정과 열망을 쏟고 있다. 퇴직 후 30년을 대비하는 것이다. 나는 30년 직장 생활과 인생경험을 바탕으로 메신저의 삶을 시작하고자 한다. 직장 후배에게 자신의 가치와 목표를 실패 없이 찾아가도록 지원하는 것이다. 늦었다고 생각될 때가 가장 적절한 타이밍이다. 생각과 상상은 잠재능력을 깨우는 첫 단추다. 간절히 원하는 꿈이 있다면 일단 행동으로 옮긴다. 뛰다 보면 고난의 장애물이 나타난다. 그 장애물을 뛰어넘으면 꿈에 도달하게 된다. 일단 뛰기 시작하면 실패조차도 꿈을 이루는 마법의 디딤돌로 바뀐다. 내일로 미루면 또 다른 내일로 밀린다. 지금 해야 할 일에 가치를 부여하고 실행에 집중하길 바란다.

07
기억보다
메모하는 습관을 가져라

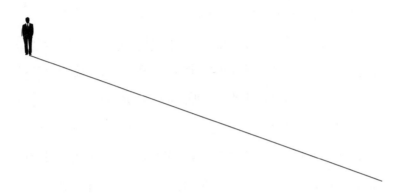

"그 정도는 머릿속에 넣어 둬야지."

"네? 기억력이 좋지 않아서요."

"적는 습관은 기억력을 감퇴시키는 지름길이야!"

"아~ 네, 선배님 말씀에 일리가 있습니다."

선배의 조언에도 일리가 있었다. 어느새 나도 메모를 우습게 생각하기 시작했다. 간단한 내용조차 기억을 못하면 어떻게 할까? 선배 앞에서 적으려니 바보가 되는 느낌이 들었다. 그러나 메모의 위력을 실감하지 못했기에 겪었던 실수였다. 바쁜 현장에서 이리저리 뛰다 보면 간단한 내용도 어느 순간 지워져 있었다. 선배에게 다시 물어볼 수도 없으니 진퇴양난이었다. 천운이 따랐는지 선배도 지시한 내용을 잊고 있었다.

어느 분야에서든 탁월한 사람들은 메모를 잘 활용한다. 메모는 업무 능력의 변수에도 크게 작용한다. 사람들은 누구나 일 잘하고 싶은 의욕을 지니고 있다. 의욕과 노력에 자신이 있다면 지금부터는 메모 습관을 갖도록 해야 한다. 비싼 노트를 사용할 필요는 없다. 종이와 펜만 있으면 된다. 나는 상사에게 업무를 받으면 반드시 메모를 남긴다. 신입 시절 기억에 의존했다가 말끔하게 지워진 경험으로 낭패를 보았기 때문이다.

일을 꼼꼼하게 처리하는 습관은 메모에서 시작된다. 그래야 빠르고 실수 없이 일을 할 수 있다. 문득 떠오르는 아이디어나 전화 내용, 업무전달 사항, 친구와의 약속 등을 모두 기억할 수 있는 천재는 없다. 나는 노트에 적은 메모를 포스트잇에 핵심 단어만 다시 옮겨 적어둔다. 그리고 모니터 하단과 우측면에 긴급성과 중요도에 따라 순서대로 붙여 둔다. 일이 끝날 때마다 하나씩 떼어 낸다. 하루의 일을 마치고 퇴근할 때 남아 있는 포스트잇은 다음 날로 넘긴다. 메모의 생활화는 업무 실수를 대폭 줄였다.

메모하고 잊어라. 메모는 복잡한 머릿속을 비워 준다. 노트가 미처 준비되지 않으면 스마트폰에 적는다. 현장 문제의 요점을 적어서 다닌다. 운전을 하다가 번뜩이는 생각이 있으면 갓길에 차를 세우고 적는다. 라디오를 듣다가 좋은 방법이 떠오르면 갓길에 차를 정차하기도 한다. 잠을 잘 때는 연습장과 펜을 머리맡에 둔다. 화장실 벽에도 A4용지가 붙어 있다. 순간적인 아이디어가 떠오르면 그 즉시 기록하기 위해서다. 특히 샤워를 할 때면 풀리지 않던 문제의 해결 안이 자주 떠오른다. 물은 영감을 주는 스승과 같다.

메모된 정보나 아이디어는 최대한 빨리 활용해 보아야 한다. 시간이 지나면 누군가 이미 활용하여 무용지물이 된다. 또는 생각과 달리 적용이 불가할 수도 있다. 불필요한 정보는 바로바로 정리해서 버리는 것도 기술이다. 농부가 식량을 창고에 쌓아 두고 풍족한 마음만 누린다면 언젠가는 썩는다. 수확과 동시에 정미하여 판매하지 않으면 일 년 농사 헛수고다. 메모도 마찬가지다. 활용하지 않고 쌓아둔 정보는 가치가 떨어져서 쓸모없는 낙서가 된다.

연극부 후배가 결혼 선물로 고급 인삼을 가져왔었다. 결혼식을 치르며 정신이 없었던 나는 전세집 한쪽 구석에 몰아 두었던 인삼을 잊어버렸다. 나중에 생각이 나서 열어 보니 곰팡이 잔치가 벌어지고 있었다. 오래된 메모도 이처럼 곰팡이가 되어 버린다. 요즘은 아이디어 발굴에 몰입하는 사람들이 많다. 가치 있는 메모라도 하루만 지나면 곰팡이 취급을 받을 수 있는 시대다.

나는 현장에서 설비를 운영하며 비효율적인 문제라고 생각되면 수첩에 그 즉시 요점을 적었다. 근무가 끝나고 퇴근하면 개선방법을 찾아 두었고 다음 날 출근하면 실행해 옮겼다. 후배 양성을 위해 아이디어 토론을 즐겼으며 좋은 아이디어를 선정해 주기도 했다. 메모 내용의 실행을 통해 최다 제안상과 고등급 제안상을 수상하기도 했다.

창의력도 키워야 하지만 문제를 문제로 보고 찾아내는 능력을 배양해야 한다. 문제란 실제 나타나는 문제일 수도 있고, 문제가 없지만 더 좋게 만들 수 있는 문제가 있다. 문제나 창의적 아이디어가 떠오르면 즉시 메모하는 것이 성과 개선의 기본이다. 메모를 하면 좋은 점 10가지가 있다.

첫째, 의사소통이 한번으로 해결된다.

둘째, 이 산 저 산 기웃거려야 하는 정보의 오류를 만들지 않는다.

셋째, 시간관리가 용이하며 효율적인 업무 처리가 가능하다.

넷째, 유용한 정보가 축적된다.

다섯째, 정보를 정리하는 능력이 점차 향상된다.

여섯째, 업무가 체계적으로 정리된다.

일곱째, 업무 능력이 탁월하게 상승한다.

여덟째, 개인 성장의 좋은 습관으로 정착된다.

아홉째, 창의적인 아이디어로 성과 창출과 직결된다.

열째, 뇌에 여유 공간을 만들어 효율적인 두뇌 관리가 가능하다.

그리스 시라쿠사 거리에는 동상이 하나 서있다. 그 모습이 해괴하여 외부의 관광객들은 웃고 지나친다고 한다. 동상의 모습은 이렇다. 앞머리에는 머리숱이 무성하고 뒷머리는 대머리이며, 발에는 날개가 달려 있다. 하지만 그 밑의 글을 읽으면 감명을 받는다고 한다.

'앞머리가 무성한 이유는 사람들이 나를 보았을 때 쉽게 붙잡을 수 있도록 하기 위해서이고, 뒷머리가 대머리인 이유는 내가 지나가면 사람들이 다시는 붙잡지 못하도록 하기 위해서이며, 발에 날개가 달린 이유는 최대한 빨리 사라지기 위해서이다.' 그리고 제일 마지막 줄에는 이런 글이 있다. '나의 이름은 기회'

<u>메모도 기회와 같다. 괜찮은 해법이 불현듯 떠올랐다가 순식간에 사라진다. 그 순간을 낚아채 기록하지 않으면 머리를 쥐어뜯어도 다시 떠오르지 않는다.</u> 나는 급할 때 손등이나 손바닥 또는 팔에다가 적기도 했다. 어떤 때는 스마트폰 녹음 기능을 활용하여 육성으로 녹음을 하기도 한다. 카페에서 친구를 만나기 위해 기다려야 할 때는 냅킨에 낙서를 하기도 한다. 최근 기획업무 중 풀리지 않는 골치 아픈 문제를 적어 보기도 한다. 그러다가 문득 떠오르는 아이디어는 즉시 잡았다. 횡재한 기분에 한 시간이나 늦게 온 친구에게 오히려 고마워했다. 어리둥절해 하는 친구에게 상황을 이야기했더니 자기 덕분이라며 커피 값을 내란다. 집에 돌아오면 그날의 메모를 노트에 옮

겨 적는다. 다음 날에는 메모된 내용의 가능성을 검토하여 적용 유무를 판단한다.

펜은 항상 가지고 다녀야 한다. 참고로, 플러스 펜은 지니고 다니기에 용이하지 않다. 한 번은 펜의 뚜껑이 빠져서 흰색 와이셔츠 주머니를 흠뻑 적시고 몸에 붉은 문신까지 그려진 경험이 있다. 그리고 스마트폰 카메라 기능 활용도 메모로서의 도움이 된다. 기록은 사실 그대로를 유지한다. 기억은 잊어버리는 문제도 발생하고 자신에게 유리한 쪽으로 변형되어 기억되는 문제가 생긴다. 성공한 사람들은 메모와 기록의 힘을 신봉한다. 메모를 하는 것이 귀찮은 일로 여겨질 수도 있다. 그러나 업무의 문제점을 해결해 주는 포인트가 되어 완성할 시간을 줄여줄 것이다. 메모 습관이 미래 성장의 차이를 만든다. 메모는 요점을 적는 것이다. 구체적으로 멋지게 적을 필요는 없다. 문체나 형식에 얽매이지 말고 즐기면 된다. 메모지와 펜을 소지하는 습관화로 기회의 아이디어를 놓치지 않도록 하자.

08
자기 일에
가치를 부여하라

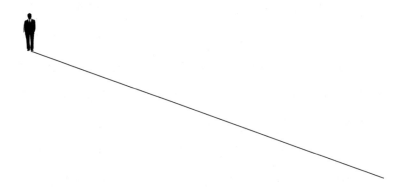

나는 신입사원 때 설비 작업자로 제품 생산과 청소를 맡았다. 신설비가 들어오면 박스를 뜯고 리프트를 끌고 다녔다. 제품이나 부자재 운반에 많은 시간을 할애했다. 건물 안팎에서 계절을 가리지 않고 리프트를 끌고 다녔다. 누가 보면 잡부로 보일 수 있었겠지만 당연히 해야 할 일이라고 생각했다. 한 번도 내가 맡은 일에 대해 부끄러워하거나 속상해하지 않았다. 리프트 작업은 운동이 될 수 있기에 오히려 즐거웠다. 나는 설비 파트장이 되었을 때도 라인 내의 설비 이동에 직접 나서서 리프트를 끌기도 했다. 모든 것이 입사 초기에 익숙하게 해두었기에 가능한 일이었다. 바닥을 기어본 상사가 팀원의 어려움을 잘 헤아리고 말하지 않아도 소통이 된다. 지금 맡은 일이 잡무라고 해도 미래에는 꼭 필요한 경험이 되는 것이다. 지금 하는 일에 유쾌하게 임할 때 상사의 신임도 더해진다. 자신의 자존감이나 가치를 스스로 낮추거나 훼손할 이유가 없는 것이다.

내가 맡은 일이 다른 사람들에 비해 중요하지 않다고 생각할 필요가 없다. 작은 일에도 최선이란 노력의 씨앗을 뿌리면 가까운 미래에 귀중한 프로젝트를 수행하게 된다. 신입 시절에 어떤 동료는 복사에 있어서 달인이라고 스스로 자칭했다. 용지 한 장도 잘못 복사하여 버리는 일이 생기지 않는다고 했다. 회사의 자산을 함부로 하지 않겠다는 의지의 반영이었다. 그는 복사기 고장이 발생해도 부품 불량인 경우가 아니면 빠른 조치가 가능했다. 그것을 본 사람들은 그의 능력을 높게 평가했다. 대부분 긴급한 복사가 필요할 때 고장으로 발을 동동 굴러본 경험이 있기 때문이다.

현재 자신의 일을 미래지향 관점으로 보아야 보완할 부분과 해답이 보인다. 보완할 분야를 분석하여 설계하고 실행하면서 발전하는 자신을 보게 된다. 배움을 지향하는 정신은 꿈을 밝히는 초석으로 다져진다. 공부의 달인으로 91개의 자격증을 보유한 일본의 다카시마 데쓰지는 이렇게 말했다.

"우리의 뇌에는 측좌핵이라는 의욕의 뇌가 있으며 살짝만 자극해도 점점 의욕이 생긴다. 하기 싫은 일이나 귀찮은 공부라도 일단 시작하면 작업 정보가 의욕의 뇌로 전해져 착수 지령을 내린다. 아무리 재미없는 일도 작업을 시작하면 의욕이 생기게 된다."

계획이 아무리 좋아도 실행하지 않으면 가치가 없어진다. 목표를 정하고 작은 것부터 실행하도록 한다. 실행력은 의욕을 자극하는 촉매제가 되어 목표를 향해 전진하도록 하기 때문이다. 나는 말의 힘과 간절함의 힘을 믿는다. 믿음은 성공을 향한 뇌의 보수계 신경회로가 작용하도록 하는 촉매제로도 작용한다. 〈머니투데이〉에서 인생을 바꾸는 습관의 차이가 소개된 적이 있다. 부자와 가난한 사람의 차이를 열 한개 항목으로 비교했다. 다음은 부자의 습관과 관련된 5가지 항목에 대하여, 실패에 굴하지 않고 운명을 바꾸는 나의 견해를 부여하였다.

첫째, 하루 30분 이상 책을 읽는다. 바쁜 현대인에게 무슨 소리냐고 할 수도 있다. 그러나 해답은 의외로 여러 곳에 있다. 출퇴근 때나 차를 기다리는 시간, 전철을 타고 이동 중일 때, 친구를 기다릴 때 등이다. 누구에게나 똑같이 주어진 하루 24시간이다. 바쁜 일과에도 부족한 시간을 알뜰하게 쪼개고 엮어서 활용하면 된다. 나는 내 차에 늘 책을 비치해 둔다. 승용차를 이용하지 않고 대중교통을 이용할 때는 가방에 책을 가지고 다닌다. 언제든지 읽을 수 있도록 준비한다.

둘째, 평생 교육을 통한 자기계발의 힘을 믿는다. 퇴근 후의 직장인은 자연스럽게 술자리로 이어진다. 매일 반복되는 업무 이야기로 서로를 위로하면서 밤늦게까지 시간을 보내는 것이다. 그런 한편에 선 저녁시간을 소중하게 다루며 자기계발에 몰두하는 사람이 있다. 5년이나 10년 뒤를 바라볼 때 누가 현명한 것일까? 목표를 이룬 사람은 자신에게 주어진 시간을 황금처럼 사용했다. 취미인 운동에 몰입하기도 하고 각 지역별 시청이나 대학에서 운영하는 전문 강의를 수강하기도 한다. 나는 저녁시간에 대학에서 운영되는 일반인 대상 강좌를 좋아한다.

셋째, 매일 할 일을 적어 둔다. 우선 매월 하고자 하는 일을 적어서 주간 단위로 분할하고 일 단위로 챙길 것을 적는다면 무엇을 챙겨야 할지 수월해질 것이다. 직장 업무에 관련된 항목은 퇴근 전 내일 할 일을 미리 수첩에 기록해 둔다.

넷째, 구체적인 목표달성에 집중한다. 꿈을 이룬 사람들은 구체적인 목표를 종이에 직접 쓰고 공언하기를 좋아한다. 꿈을 적은 종이를 매일 들여다보며 이루어졌다고 암시하는 방법을 사용했다. 김밥 CEO 김승호, 액션영화의 대부인 이소룡처럼 자신의 분야에서 잘나가는 사람들이 그랬다. 나는 버킷리스트를 적어서 책상 전면에 붙여 두었다.

다섯째, 일주일에 최소 3번 이상 운동을 한다. 헬스장에 가서 할 수 있으면 최상이다. 시간이 허락하지 않는다면 아파트 둘레길이나 공원을 삼십 분 이상 가볍게 뛰어도 좋다. 건강을 잃으면 모두 잃는다는 진리를 잊지 않는다.

　<u>부자일수록 자기계발의 힘을 믿는다. 부자는 약 86%가 평생교육을 통한 자기계발의 힘을 믿지만 가난한 사람은 5%가 믿는다.</u> 우리가 운전할 때 길을 모르면 내비게이션을 이용하는데 여러 갈래의 길이 제시된다. 최단거리가 있지만 돌아간다고 해도 원하는 곳에 도착한다. 핵심은 필요성과 효율성을 고려해야 한다는 것이다. 독서에서도 마찬가지다. 부자는 약 86%가 책읽기를 좋아한다. 가난한 사람의 독서는 26%에 불과하다.

　무조건 책을 읽기만 해서는 자기계발 효과를 기대할 수 없다. 저자의 생각과 목차를 통해 책의 핵심 포인트를 먼저 취하도록 한다. 다음에는 관심 있는 핵심 목차에 체크 표시를 하고 나서 그 부분부터 읽는다. 최근 관심사인 두세 권의 책을 돌려가며 읽는다. 서너 권의 책을 함께 읽는 것은 지루함을 없애 주며 생각의 지혜를 넓히는 효과가 있다. 글자 하나하나에 연연하거나 암기할 필요는 없다. 내용적인 측면으로 전체적인 윤곽과 핵심 포인트를 잡는다. 자신의 목표를 달성하는 데 필요한 궁금증을 우선 해결하는 것이다. 전부를 읽을 필요가 있으면 주말을 활용한다. 핵심 포인트에는 빨간 펜으로 식별을 위해 '< >' 표시를 한다. 그리고 자신의 주장이나 의견을 간략히 적어 놓는다. 흔적을 남기면 다시 읽을 때 새로운 깨달음을 찾게 되는 즐거움이 생긴다.

인간의 몸은 20세부터 노화가 시작된다. 그러나 뇌는 사람마다 정도의 차이는 있지만 65세까지 발달한다고 뇌 과학자들은 말한다. 의욕은 뇌의 노화를 막아 준다. 뇌에는 보수계 신경회로가 있다. 이 회로는 A10 신경을 활발하게 움직여 신경세포 기능을 향상시킨다. 뇌는 무엇을 얻을 수 있다고 판단되면 활발히 움직인다. 말에게 당근을 보여주며 열심히 달리게 하는 원리와 같다. 즉 간절하게 원하는 것이 있으면 뇌를 자극하여 행동으로 옮기도록 하는 것이다. 만약 '나는 그냥 사원일 뿐이야.'라는 생각으로 주어진 근무시간에 주어진 일만 하면 만년사원으로 남는다. 앞으로 직장은 점점 더 치열한 경쟁체제가 될 것이다. 자신이 맡은 분야의 일을 사랑하지 않으면 버티기 힘들어진다.

비록 작고 보잘것없는 일을 맡았다고 하더라도 그 일에 정성을 다해야 한다. 그 분야에서 최고가 되기 위한 목표를 만들고 행동하는 것이다. 최고는 아무나 될 수 없다. 누구나 최고가 되지 못하는 이유는 목숨을 걸지 않기 때문이다. 슬기로운 자는 현실에 안주하지 않고 미래의 날개를 펼친다. 꿈과 희망에 도전하는 사람은 세포 하나하나가 건강해진다. 당신의 인생을 누군가 대신 살아주지 않는다. 때로는 느린 걸음이어도 좋다. 직장에서 쓸모없는 일이란 없다. 지금 맡은 일이 사소한 일이라도 가치를 부여하고 정성을 담아내 보자.